PETER JOHNSON

DIE SCHNELLE FAHRTENYACHT

PETER JOHNSON

Die schnelle Fahrtenyacht

Eine praktische Bootskunde

Deutsche Übersetzung und Bearbeitung:
Hans G. Strepp

Delius Klasing Verlag

© Copyright by
UNITED NAUTICAL PUBLISHERS, Basel

Titel der englischen Ausgabe
THIS IS FAST CRUISING

ISBN 3-7688-0520-4

Die Rechte für die deutschsprachige Ausgabe
liegen beim Verlag
Delius, Klasing & Co, Bielefeld

Printed in Italy 1985
GEP, Cremona

Die Mitarbeiter

Die Zeichnungen machte *Ray Harvey,* MRINA BSc CEng.

Ferner schulde ich Dank all denen, mit denen ich über die Jahre teils auf meinen, teils auf anderen Booten gesegelt habe und von denen viele Anregungen zu diesem Buch stammen. Über Versuche und Techniken, Stürme zu meistern, haben Jim Robson-Scott (Australien) und D. J. Jordan (USA) etwas beigetragen, deren Aufsätze in „Sail" erschienen. Über Segeln mit zu kleiner Crew haben Dick Everitt und Geoff Hales (UK) berichtet. Basil d'Oliveirs (UK) hat über die elektronischen Ortungsverfahren referiert, und von Dick Koopmans (NL) stammen eine Reihe von Vorschlägen und Hinweisen in mehreren Kapiteln.

Wim de Bruijn (NL) als Redakteur und andere Kollegen aus Italien und Deutschland der *United Nautical Publishers* haben in jedem Stadium der Arbeit mitgeholfen.

Die meisten Photographien sind das Werk von Patrick Roach (UK), der viel Zeit für das Durchstöbern seines Archivs und für die Aufnahme besonderer Illustrationen aufgewendet hat.

Photographen in diesem Buch

Patrick Roach: S. 12(2), 14, 15, 17, 25(2), 26, 28, 30(2), 31, 38(2), 51, 52(2), 53(2), 56(2), 61, 64, 65, 67, 68(2), 77, 92, 101, 124, 131, 135, 136. Titelphotos zu den Kapiteln 1, 2, 5 u. 10.
Alastair Black: S. 13(2) und Titel zu Kapitel 9.
John Ridgway: S. 13, Theo Kampa: S. 32, Alan Watts: S. 85, Colin Jarman: S. 126 und Titel 7, Geoff Hales: S. 126, Koren Evans: S. 127, Yachting World: S. 99.
Alle weiteren Photos vom Verfasser.
Umschlagphoto: Hans-Günter Kiesel

INHALT

Einleitung

Warum eine schnelle Fahrtenyacht?

Damals war das kein Problem. Man kaufte sich eine nicht zu alte Rennyacht und fuhr den anderen davon, segelte Kreise um die biederen Segelkreuzer.

Damit ist es jetzt aus, denn wir leben in einer Epoche, in der Renn- und Kreuzeryacht zu unterschiedliche Spezialitäten sind. Am Anfang dieses Jahrhunderts gab es große Reiseyachten, die wie die Handelsschiffe über die Ozeane segeln konnten. Kleine Kreuzer glichen den Fischerbooten mit ihrem ausgeprägten Sprung, der das Einholen der Netze erleichterte. Um die Wette wurde nur binnen oder in geschützten Gewässern mit Jollen oder mit großen, reichlich übertakelten Yachten gesegelt.

Als zwischen den Weltkriegen die Ozean- und Hochseeregatten aufkamen, wurden sie anfangs mit schweren Schiffen, ähnlich den amerikanischen Schonern oder europäischen Lotsenkuttern, gesegelt. Anfangs des dritten Jahrzehnts kamen die ersten Hochseerennyachten auf; wohnlich eingerichtet wie eine Kreuzeryacht, aber mit einem für Geschwindigkeit konstruiertem Rumpf, wenn auch bei weitem nicht so schnell wie die Binnenrenner der Meter-Klassen und Einheitskonstruktionen.

Die Hochseerenner waren auch gute Boote für schnelle Reise, und einige von denen segeln ja heute noch. In den damaligen Segelanleitungs-büchern gab es meist ein Kapitel „Kreuzfahrten und Hochseerennen", weil das in der Seemannschaft kaum Unterschiede bedeutete.

In den 50er und 60er Jahren aber kamen die nach Vergütungsformeln gebauten Leichtdeplacements auf; für sie galt noch der Spruch: „Der Renner von heute ist der Kreuzer von morgen." Auch von denen sind heute noch viele in Dienst als Kreuzer.

1970 kam die International Offshore Rule (IOR) − zum ersten Mal eine Vermessungs- und Ausgleichformel für die ganze Welt. Der alte One-Ton-Cup, um den die 6-m-R-Yachten binnen gesegelt hatten, wurde jetzt für seegehende Yachten ausgelobt, die olympische Dreieckskurse, aber auch längere Seeregatten segeln mußten. Damit begann die Entwicklung der ausschließlich für Seerennen bestimmten Rennmaschine mit Segelantrieb. Die ersten „Tonner" waren noch als Kreuzer brauchbar, aber die Spezialisierung und Polarisierung von hie Renner, da Kreuzer führte rasch zu einer nicht mehr zu überbrückenden Kluft. High-Tech und teuerste Werkstoffe bestimmten immer mehr die Regatten der Tonner und von Admiral's Cup, SORC und Sardinia Cup. Unter Deck gleichen die Rennboote dem Inneren der Tragfläche eines Jumbo-Jets, und die glatten Decks mit nur einem Cockpit für den Steuermann sind zusammen mit der übertakelten Segelmaschinerie auch nicht für Kreuzfahrten tauglich. Kurz: Diese Rennboote lassen sich nicht mehr zu bewohnbaren Kreuzern umbauen.

Andererseits werden heutige Kreuzeryachten mit einem für Rennen nicht zugelassenen Rigg gebaut und sind mit ihrer Einrichtung und Rumpfform ohne alle Chancen unter den extremen Rennern. Damit ist die 1935 zwischen Rennern und Kreuzern begonnene Ehe auf hoher See spätestens seit 1975 wieder geschieden.

Zwar gibt es Ausnahmen, von denen einige aus den ein- und zweihand gesegelten transozeanischen Rennen stammen. Anfangs wurden diese Rennen für normale Yachten mit kleiner Besatzung und einfacher, nicht kostspieliger Ausrüstung ausgeschrieben. Aber mit den Jahren − und den Sponsoren − braute sich da eine besondere Art von High-Tech zusammen; manche von fast gigantischer Dimension. Aber in diesen Flotten segeln immer noch kleinere Einheiten erfolgreich mit, die durchaus als schnelle Kreuzeryacht tauglich sind und als Vorbild für die Konstruktion schneller Familienkreuzer taugen.

Ich liebe es, schnell und rationell zu segeln, so wie man früher zwischen den Törns mit seinem Boot bei einer Regatta sein Können zeigen konnte. Jetzt ist solches Kräftemessen kein Thema mehr, wie gesagt. Uns bleibt, smart unsere Törns gegen die Uhr zu segeln, nicht bei jedem Gegenwind den Motor zu starten und ihn auch bei leichtem Wind zu verschmähen. Das kann recht befriedigend sein. Vielleicht reicht man dann am Ende der Saison auch sein Logbuch beim Segler-Verband ein.

Wenn Sie alles an Bord gerne exakt in Ordnung haben, so daß Reffen, Anlegen, Kochen und Schlafen auf See glatt und erfreulich verlaufen, so gehört das alles zu dem, was ich unter schneller Reise zu verstehen beliebe. Deren Hauptbestandteile mögen in der Betrachtung unterschiedlicher Personen etwas unterschiedlich sein, aber in diesem Buch stehen Ideen und auch Mahnungen für solche, die schon länger segeln. Eine schnelle Reise unter Segeln ist eine Kombination aus vielen Dingen und Handlungen, die reibungslos klappen müssen.

Bestandteile schneller Reisen

Es ist ein eindrucksvoller Anblick, wenn eine 24 m lange Maxi-Rennyacht an unsereins in einer 11 m langen Kreuzeryacht vorbeirauscht, wo wir dachten, prächtige Fahrt zu laufen. Einer meiner Crew, der solch einer Yacht zugewinkt hatte, ohne beachtet worden zu sein, meinte sauer, die seien auf dem falschen Schiff. Wer sich ein solch großes und schnelles Schiff bauen lasse, verkürze nur seine schöne Zeit auf See. Ich verteidigte diese stolzen Schiffe aber. Mit ihnen kommt man in gegebener Zeit ein gut Stück weiter, und auf den Meeren der Welt ist Raum für jede beliebige Distanz, auch wenn unsere Zeit begrenzt ist.

Segelyachten sind im Grunde langsame Transportmittel. Das trifft aber natürlich auf alle Wasserfahrzeuge zu, nur haben Segler mit den zusätzlichen Verzögerungen durch Wind von vorn oder Windstille zu schaffen. So sind Wochenendtörns allemal in ihrem Aktionsradius beschränkt und definitiv

eintönig. Vom Heimathafen aus kommt man in der Zeit des nächsten Wochenendes oder nächsten Urlaubs nur so und so weit, und nach einiger Zeit nur in zum Überdruß bekannte Reviere und Häfen. Was ist daran dann noch vergnüglich?

Nun, es gibt Wege, das auszumanövrieren: 1. Chartern, man fliegt ein paar tausend Meilen weg zu neuen Küsten und segelt dort ein fremdes Boot. 2. Wer's sich erlauben kann, kauft sich ein großes Boot mit ständiger, bezahlter Crew, die es zu allen Revieren segelt, in die der Eigner zum Segeln mit Freunden einfliegen will. 3. Für bescheidenere Ansprüche gibt es das kleine Kreuzerchen auf dem Trailer, das man mit dem Auto in den Ferien über Land und Berge zu Gestaden schleppt, wo die Sonne fast pünktlich zwölf Stunden nach dem Aufgang wieder untergeht oder auch um Mitternacht noch scheint.
4. An Regatten binnen oder buten teilnehmen, wobei Revier und Anker-

plätze zweitrangige Bedeutung haben. 5. Einen langen Sonderurlaub machen oder in Ruhestand treten und eine lange Reise längs Küsten oder über Ozeane unternehmen. 6. Einen Mehrrumpfkreuzer segeln, der einen mit seiner hohen Geschwindigkeit in gegebener Zeit über weite Strecken bringt.

Viele Fahrtensegler mögen keinen Geschmack an diesen „Lösungen" finden oder dazu gar nicht fähig sein. Dann bleibt ihnen nur, die Geschwindigkeit ihres Bootes oder ihres Segelns zu steigern oder nach einem passenderen Boot zu suchen. Es lohnt, sich Klarheit über die mit den Knoten zu schaffenden Distanzen zu verschaffen.

Diese Distanzen werden merklich verkürzt, wenn auch auf angenehme Art, wenn man alle 150 Meilen in einen Hafen geht. Ein Aufenthalt von 18 Stunden dort entspricht einer nicht gesegelten Strecke von 90 sm bei 5 kn Fahrt. Außerdem geht viel Zeit für

See-meilen	Non-Stop			Alle 150 sm Hafen		
	4 kn	5,5 kn	7 kn	4 kn	5,5 kn	7 kn
60	15 h	11 h	8 h	15 h	11 h	8,5 h
150	37,5 h	27 h	21 h	37,5 h	27 h	21 h
300	75 h	54 h	42 h	93 h	72 h	60 h
750	7 d 19 h	5 d 16 h	4 d 11 h	10 d 19 h	8 d 16 h	7 d 19 h
1000	10 d 09 h	7 d 14 h	5 d 22 h	14 d 21 h	12 d 02 h	10 d 10 h

Zeitaufwand für Distanzen bei unterschiedlichen Geschwindigkeiten ohne und mit 18 h Hafenliegezeit alle 150 sm.

Abweichen vom Kurs und Einsteuern und Wiederauslaufen drauf. Ein Wochenende von 48 Stunden mit einem Zielhafen bedeutet also einen Aktionsradius von 75 sm bei einer Fahrt von 5 kn. Für einen zweiwöchigen Urlaubstörn unter gleichen Bedingungen mit Hafenaufenthalten ergibt sich ein Aktionsradius von 550 sm als Summe aus hin und zurück, falls die Yacht wieder zum Ausgangshafen zurück soll.

Wahre Yacht-geschwindigkeiten

Rekordpassagen werden heute nur noch von speziell für solche Rekordversuche gebauten Rennyachten aufgestellt. Das schnellste Segelboot, die Crossbow II, erreichte 1980 über eine Strecke von 500 m eine Fahrt von 36,5 kn, und so stand der Rekord noch 1985, als dieses Buch in Druck ging. Nun haben diese Fahrzeuge aber nicht das geringste mit Yachten, auch nicht

Reviererweiterung mit dem Trailer.

Das Mehrrumpfboot: höchste Fahrt, aber kaum zum Fahrtensegeln geeignet.

mit Rennyachten zu tun.
Die schnellste dokumentierte Segelreise war, kaum überraschend, die eines äußerst spezialisierten Schiffs. Immerhin mußte es eine Crew, Proviant und eine zwar spartanische Einrichtung transportieren. Es war der Tragflächen-Trimaran JET SERVICES, den Patrick Morvan (F) in 8 d 16 h 33 min über die 2925 sm von Sandy Hook bis Lizard Point segelte − 14,03 kn Durchschnitt. Unter dieser Marke hat es eine Menge Rekorde gegeben, die eine brauchbare Richtschnur für das bilden, was man von einer schnellen Kreuzeryacht bestenfalls erwarten kann. Da wäre die konventionelle, aber 24 m lange KIALOA von John Kilroy mit ihrer großen Crew zu nennen,

die im 630 sm langen Rennen von Sydney nach Hobart 1975 im Mittel 10,1 kn lief. Die ältere, 18,6 m lange STELLA POLARIS erreichte unter Giancarlo Basile im Giraglia Race im Mittelmeer 8,38 kn. David Scott-Cowper (GB) segelte seine OCEAN BOUND von 12,5 m Länge einhand um die Welt mit einer mittleren Fahrt von 5,45 kn. Die schnellste Non-stop-Weltumsegelung von Schottland um alle südlichen Kontinentkaps nach Schottland machten John Ridgway und Andy Briggs in der 17,1 m langen ENGLISH ROSE 1983/ 84 in 193 Tagen mit einer Durch-

Gebaut für 500 m Höchstgeschwindigkeit, die MAYFLY *bei 23 kn.*

lichst effektiv zu segeln. Der Motor wurde nie für längere Zeit, wenn überhaupt, gebraucht.

Wir haben somit einen Anhalt, welche Geschwindigkeit über längere Zeit und Distanzen zu erwarten ist. Hier ist die Rede von Länge über alles. Vorausgesetzt, daß die Überhänge der Yacht nicht extrem sind, kann man mit folgenden Durchschnittsgeschwindigkeiten rechnen:

12 m Länge 5,4 kn
10 m Länge 5,1 kn
9 m Länge 4,9 kn
8 m Länge 4,6 kn
7 m Länge 4,2 kn

Höchstgeschwindigkeiten sind eine andere Sache. Da werden den Hang

English Rose vi segelte mit 6,48 kn Durchschnitt nonstop um die Welt.

schnittsfahrt von 6,48 kn. Die beiden letzterwähnten Boote waren konventionelle schnelle Kreuzer, keine ausgesprochenen Rennyachten. Ihre kleine Bemannung (ein bzw. zwei Mann) versuchte nur, ihr Boot mög-

einer langen und hohen See hinunter, wobei die Schwerkraft einen beträchtlichen Zusatzantrieb liefert, auf dem Fahrtmesser Werte angezeigt, die dem 2,7...3fachen der Wurzel aus der Länge in der Wasserlinie in Knoten nahekommen. Eine 12 m über alles lange Yacht ist in der Wasserlinie etwa 10,45 m lang; die Wurzel daraus ist 3,23, und das 2,7fache davon wären 8,7 kn.

Solche Rutschpartien sind aber immer von relativ kurzer Dauer, und danach geht es langsam wieder bergan. Das beste, was man an Reisefahrt erwarten kann, ist das 1,8fache der Wurzel aus der Wasserlinienlänge in Metern; rund gerechnet und absichtlich nicht für extreme Konstruktionen, mit denen angenehme und erholsame Kreuzertörns nicht möglich sind.

Jet Services: die schnellste Atlantikpassage.

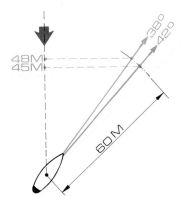

Wir segeln hoch am Wind, den Weg nach Luv verkürzt.

M = sm

Was die Zeit auffrißt

Ein Törn besteht aus mal schneller, mal langsamer und manchmal auch gar keiner Fahrt durch das Wasser. Mal hilft einem die Strömung, mal drückt sie kräftig gegenan. Wer schräg gegen einen quersetzenden Strom segelt, um auf dem gleichen Kurs über Grund zu bleiben, wo das nicht nötig ist, verschwendet gewöhnlich Zeit – der Weg ist auch nur auf der Karte kürzer, durch das Wasser ist's eh derselbe.

Gegenwind gehört zu den Zeitfressern. Normalerweise kann eine Kreuzeryacht nicht höher als 40° an den wahren Wind gehen, und das bedeutet, daß sie zu einem Ziel „im Auge des Windes" einen mathematisch um 30,5 % längeren Weg segeln muß als ein Motorboot, das geradenwegs hinfahren kann. Kneift man die Yacht höher, etwa 35° an den wahren Wind, dann ist der Umweg nur noch 22,1 % größer. Es lohnt sich also herauszufinden, ob die Yacht bei 35° am wahren Wind auch 10 % oder mehr an Geschwindigkeit verliert. Etwas Mathematik lohnt immer! Nach heutigem Stand der Technik verliert eine Kreuzeryacht dabei 11 % an Fahrt und spart 27,5 % am grundsätzlich unvermeidbaren Umweg. Die nächste Frage: Würde Abfallen auf 45° zum wahren Wind die Yacht soviel schneller machen, daß sich der größere Umweg von 41,4 % lohnt? Die Antwort ist bei fast allen modernen Familienyachten „nein".

Kalmen und zu laue Lüfte sind – wer wüßte es nicht? – üble Zeitverschwender, die der Segelpurist jedoch knurrend hinnimmt. Bei widrigen Strömungen und zu tiefem Grund fürs bescheidene Grundgeschirr ziehe ich jedoch vor, mit dem Motor zu einer Stelle zu fahren, wo ich ankern kann; vorausgesetzt, es gibt eine in der Nähe.

Segelwechsel kosten viel Zeit.

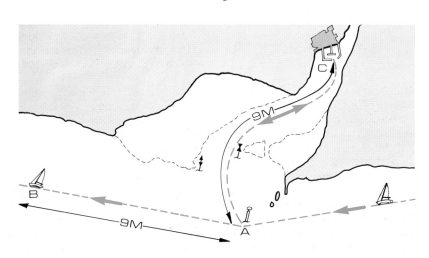

Ein typischer Umweg zu einem Hafen. Statt nach B und weiter zu segeln, wird durch Anlaufen des Hafens die Distanz verdreifacht; hinein und hinaus 18 sm plus 9 sm bis B.

M = sm

Für Boote, die erst bei Stärke 5 in Bewegung kommen, weiß ich zum hier gestellten Thema keinen Rat außer dem nicht sehr glücklichen, nach einem schnelleren Boot zu suchen. Bei Windstärke 5 laufen alle Boote. Poseidon hat einen Trost für die Schwerfälligen: Sie können schweres Wetter besser abwettern und draußen bleiben, wenn die Leichtfüßigen sich in den nächsten Hafen verkriechen. Oft ist die Böenfront just in der Zeit längst durchgezogen, wenn der Leichtfuß im Hafen ankommt, der einige Meilen die Flußmündung hinauf liegt. Die Ausgabe für ein Stell Leichtwettersegel wäre schon aus dem Grund zu erwägen, weil gute Fahrt in freundlichem Wetter zu den Höhepunkten des ganzen Yachtsports gehört. Mit den fürs herrschende Wetter falschen Segeln zu segeln kostet unnötig Zeit. Aber regattamäßiges Segelwechseln mit einer Urlaubscrew kostet womöglich noch mehr Zeit. Für Zwischenhochs von 12 h Dauer läßt man besser die schweren Tücher oben. Rollfock und Blitzreff, bei dem man darauf verzichtet, das Groß sauber auf den Baum zu tuchen oder zu wickeln, sind für Wetterunterschiede von Stärke 5 aufwärts bis etwa Stärke 8 natürlich eine feine Sache, egal was Rennsegler davon halten.

Wen würde es wundern, daß Navigationsfehler Zeit kosten. Weil man als Segler sehr oft seine Navigation nach einer Einschätzung des kommenden Wetters richten muß, spielt auch Glück dabei eine Rolle. In Kapitel 8 wird die Rede davon sein, was man tun kann, um das Glück möglichst auf seine Seite zu bringen.

Solchen Einflüssen unterliegt natürlich jeder Typ von Yacht; auf den kommenden Seiten dieses Buches wird noch diskutiert, wie man sie überwinden kann. Aber es gibt leistungsfähige

Boote und weniger leistungsfähige. In dieser Beziehung müssen schon Entscheidungen getroffen werden, ehe der erste Törn überhaupt geplant wird.

Art und Größe der Yacht

Schnellste und durchschnittliche Fahrt als Funktion der Bootsgröße von schnellen Kreuzern und bewohnbaren Rennyachten wurde im Vorstehenden schon genannt. Die Größe richtet sich ja oft nach dem Vermögen des Eigners, ist dennoch nicht das einzige Kriterium, wie sich in einer internationalen Umfrage bei befahrenen Langfahrtseglern gezeigt hat. Sie wurden gefragt, welche Yachtgröße sie für ihre Törns bevorzugen würden, wenn Geld keine Rolle spielen würde. Das Ergebnis:

Unter 7,0 m Länge keiner
7,0...8,8 m Länge 1 %
8,9...12,0 m Länge 58 %
Der Rest war für > 12 m.

Beim Rest wurde leider nicht mehr genauer gefragt, weil wohl die Meinungsforscher eine Befangenheit aus eigener Befahrenheit hatten – zu groß für kleine Häfen und für eine kleine Crew, zu schwierig zu manövrieren. Nun, eine Yacht von 15 m Länge kann ein sehr schönes und schnelles Reiseschiff für vier bis sechs Personen sein, nur muß man sich vor dem falschen Vorbild des Rennsports hüten. Solche Yachten sind auch ohne Spinnaker, Blooper, Babystag schnell. Sie sind mit einem ganz einfachen Kräfte und Geld schonenden Rigg schnell und auch leicht zu segeln.

Letztjährige Rennyachten sind als solche passé, aber als Kreuzer taugen sie meist nicht, obwohl sie schnell sind.

Was die kleinen Häfen betrifft, so ist ein kräftiges und doppeltes Grundgeschirr mit bester Arbeitserleichterung wichtiger als ein Stagsegel, das überhaupt nichts bringt. Aber ein gutes Beiboot erschließt auch viele kleine Häfen, während die Yacht mit ihrem soliden Grundgeschirr auf Reede liegt.

Was die Bootstypen betrifft, da gibt es mehr als Vielfalt, und jedes Jahr kommen neue Serienboote hinzu. Der Verfasser kann dazu keine Empfehlungen geben außer der, ein für die Absichten passendes Boot zu nehmen. Zum Beispiel kann eine Seerennyacht einer Einheitsklasse, die im heimatlichen Hafen vorhanden ist, ein wünschenswertes Boot sein, weil man regelmäßig an den örtlichen Regatten teilnehmen kann, auch wenn sie nicht recht zum Fahrtensegeln geeignet ist. Andernorts wird man ein festes Schiff brauchen, weil es bei jeder Tide trockenfällt.

Bei der Bootswahl gibt es immer auffällige Boote. Zu denen zählt
1. die moderne Rennyacht, die, wie schon erwähnt, für Fahrten untauglich geworden ist; eine traurige Entwicklung, die mit der internationalen Vermessungsregel von 1970 begann. Den Vorstandskomitees ist es nicht gelungen, das Zweizweckboot zu erhalten, geschweige zu fördern. Neue Werkstoffe und Techniken kamen einfach schneller als man sie bremsen konnte. So ist der Blooper ein teures Extrasegel, mit dem es nur den Bruchteil eines Knotens schneller geht (und manchmal auch ins Wasser), aber es ist „freies", der Vermessung nicht unterworfenes Tuch. Das Rigg anfangs der 80er Jahre auf Yachten unter 12 m Länge ist meist 3/4-getakelt mit dünnem Mast und Backstagen und einem Glattdeck mit Fußbadewanne für den Steuermann und keinerlei Schutz. Die Kiele sind sehr kurz geworden; zwar hat das Vorteile. Die Ruder werden mit riesigen Pinnen gelegt, um das Ge-

Viel Aufwand mit Backstagen.

wicht einer Radsteuerung zu sparen. Rennsegel sind für Fahrtensegelei ganz ungeeignet, weil sie in Spezialsäcken verpackt werden müssen, sonst brechen sie.
2. Eine vor 1976 gebaute Seerennyacht kann sehr wohl als schneller Kreuzer tauglich sein, wohnlich eingerichtet, mit richtiger Plicht und toppgetakelt.
3. Der Serienkreuzerrenner wird von der Industrie in vielen Größen und Arten zur Auswahl angeboten, aber Idee und Brauchbarkeit decken sich nicht immer. Das betreffende Boot muß für schnelle Reise gebaut (Kapitel 2) und ausgerüstet (Kapitel 3) sein. Die Einrichtung muß zum Wohnen auf See geschaffen sein, nicht fürs Liegen in einer Marina (Kapitel 10). Vielleicht soll sie auch über Rennqualitäten für gelegentliche Regatten verfügen (Kapitel 5), für Kurz- und Einhandsegelei (Kapitel 9) und für schweres Wetter geeignet sein (Kapitel 6 und 7). Beinahe selbstverständlich wird es eine toppgetakelte Slup oder bei mehr als 15 m

Eine ältere Seerennyacht ist wohl eher zum Kreuzer umzurüsten.

Ein getrennter Lateralplan bedeutet nicht zwangsläufig einen kurzen Flossenkiel. Hier ein Kompromiß für einen modernen Kreuzer.

Länge eine Ketsch oder Yawl sein, mit Flossenkiel und separatem Ruder, am besten mit Skeg.
4. Der schwere Verdränger mag manchen zusagen, die in Revieren mit nur kommerziellen Häfen segeln, wo es nicht ohne gelegentliche Knuffe abgeht. Auch die großzügige Einrichtung ist nicht zu verachten. Bei den heutigen Baumethoden ist Festigkeit aber nicht mehr gleichbedeutend mit Masse. Und es gibt Kompromisse zwischen Lang- und Kurzkiel.
5. Motorsegler segeln zwar, aber nicht schnell wegen des Luftwiderstandes der Aufbauten und der wirksamen Bremse einer blockierten Dreiflügelschraube. Aus der Klasse schneller Kreuzer scheidet er aus, bei ihm hat

der Motor Priorität. Natürlich kann man Spaß mit ihm haben.

6. Für viele ein Traum, für manche ein sehr praktisches Spielzeug ist die eigens für ihn konstruierte und gebaute Hochseeyacht. Dem Neuling gefällt beinahe jedes Boot, aber dem Erfahrenen ist nichts auf den Bootsausstellungen gut genug. Leider dauern Entwurf und Bau einer solchen Yacht lange, und teuer ist sie auch. Der Kompromiß wäre ein Serienrumpf mit Spezialrigg und -einrichtung, und der Konstrukteur dieser Spezialität könnte auch die Bauaufsicht übernehmen, denn während des Baufortschritts ist man meist zu einigen Änderungen gezwungen, weil etwas anders aussieht, als der Eigner sich das vorgestellt hatte. Auch muß man sich über die Zahlungsweise, die Versicherung während der Bauzeit, möglicherweise steigende Lohnkosten und den Preis fürs kalte Buffet bei Taufe und Abnahme vorher im klaren sein.

Elemente des Entwurfs

Abgesehen von solch generellen Einordnungen von Yachttypen gibt's spezielle Leitwerte bei der Wahl oder dem Kauf einer Yacht. Wenn mir ein neuer Entwurf vorgelegt wird, möchte ich sogleich eine Reihe von Zahlen wissen, die mir sofort eine Vorstellung von den Fähigkeiten des Bootes im Vergleich zu anderen gleicher Größe geben. Die Länge über alles (Lüa) macht den Anfang, dann kommt die Länge in der Wasserlinie (Lwl), die Breite und die Verdrängung; weiterhin Segelfläche, Tiefgang und Ballastanteil. Das wird aber teils unterschiedlich interpretiert, drum achte ich auf folgendes:

Lüa ist nur die Länge des Rumpfes; überstehende Bugkörbe und Badeleiter gehören nicht dazu. Die Lwl kann sich bei unterschiedlichen Zuladungen ändern und stimmt oft nicht mit der auf der Zeichnung überein; sie am schwimmenden Boot zu messen ist nicht einfach. Die Breite ändert sich von vorn bis achtern, gemeint ist die größte Breite, wo immer sie ist. Verdrängung, wie sie Konstrukteur oder Werft angeben, ist gewöhnlich (etwas optimistisch) berechnet. Nur selten wird gewogen, sonst muß man glauben und alle Zuladung hinzurechnen, es sei denn, der Kahn liegt viel tiefer im Wasser als bei der Zeichnung. Die Segelfläche wird auf verschiedene Weise gemessen, mal ist die Arbeitsfock gemeint, mal die größtmögliche Genua. Ballast ist die Masse des Blei- oder Eisenkiels, die sich wiegen läßt und durch die Masse des verdrängten Wassers geteilt den Ballastanteil ergibt.

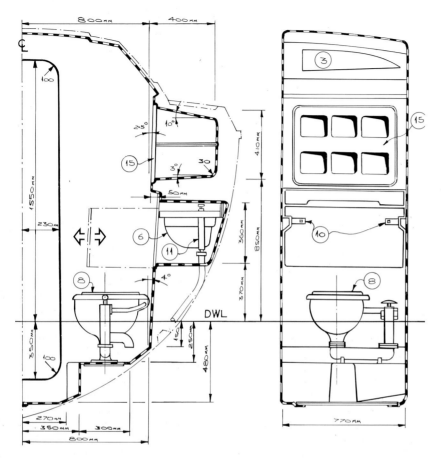

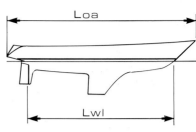

Länge über alles (Lüa) und Länge in der Wasserlinie (LWL) sind die wichtigsten Grundmaße jeder Yacht.

Loa = Lüa

Lwl = LWL

G_1 ist der Schwerpunkt des Außenballastes, G_2 der des Innenballastes, G_3 der des ganzen Bootes ohne Ballast. Der Ballastanteil ist das Verhältnis (G_1+G_2) : $(G_1+G_2+G_3)$. Je größer dieses Verhältnis ist, um so tiefer liegt der Gesamtschwerpunkt (CG) des Bootes, dessen Lage man aber nur schätzen kann, wenn man die Gewichtsverteilung nicht kennt.

Liste der Zeichnungen für einen Einzelbau und ein typisches Detail.

DWL = CWL

Manche der Pläne bestehen aus mehreren Zeichnungen.

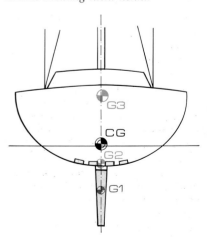

Linien und Aufmaße	Püttings, Vorstevenbeschlag,
Generalplan	Backstag
Decksriß und Seitenriß	Ruder mit Anlage, Skeg,
Segelriß	Propellerbock
(mit Okay des Segelmachers)	Einrichtungsquerschnitte
Spierenplan (in Zusammenarbeit	Einrichtungsschreinerwerk
mit Mastersteller)	Kielzeichnung und -aufmaße
Konstruktionslängsplan	Maschine, Rohrplan und
Konstruktionsspantenpläne	Schaltplan
Detailkonstruktionen	Ausführliche Baubeschreibung

Flossenkiele und Ruder

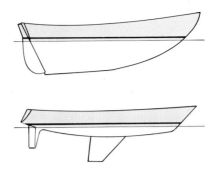

Früher hatten alle Yachten mehr oder etwas minder lange Kiele. Jetzt gibt es eine Auswahl vom modernen Rennyachtrumpf mit Korbbodenspant mit angesetzter Flosse bis zum traditionellen Langkieler mit angelenktem Ruder. Ein günstigerer Lateralplan ist nicht die ganze Geschichte, denn die schlanke Flosse gehört ausnahmslos zum Leichtdeplacement und wurde aus zwei Gründen geschaffen: Erstens wegen der Vermessungsregel, die vor und hinter dem Hauptspant das Maßband anlegt, so daß die Konstrukteure die Querschnitte an diesen Stellen horizontal einziehen; der zweite Grund ist besseres Wendevermögen und besseres Material zur Herstellung schlanker Flossen.

Lang oder kurz, was ist besser? Wie so oft in der Segelei sind die Meinungen geteilt (und das gehört zum Spaß). Die Verteidiger des Langkiels führen seinen sicheren Stand beim Trockenfallen, auch an der Kaimauer, und seine Kursstetigkeit an, weiter seine Biegesteifigkeit als Untergurt des Schiffs, seine Beiliegeüberlegenheit und das meist dicke Schiff über ihm mit viel Wohnraum. Aber all das sagt

Seitenansicht der Yachtextreme: sehr langer Kiel mit angehängtem Ruder und die Kielflosse einer IOR-Yacht.

ohne weitere Erklärung nicht genug. Gewiß haben Langkieler Stürme abgeritten, aber das haben auch zahlreiche Kurzkieler. Denen wird aber nachgesagt, sie hätten eine verhängnisvolle Neigung, aus dem Ruder zu laufen und querzuschlagen. Stimmt, aber das sind Erfahrungen von Rennseglern, die vor starkem Wind mit zu großem Spinnaker und zuviel sonstigem Tuch segeln. Mit dem Rumpf hat das weniger zu tun. Der Yachtarchitekt E. G. van de Stadt zeichnet seit 25 Jahren geteilte Lateralpläne mit teils extrem flügelschlanken Flossen, und das hat sich auf langen und kurzen Reisen als brauchbar erwiesen. Der Trend zu die-

ser Bauweise setzte sich in den USA Mitte der 60er allmählich durch, als die Cal 40 (Bill Lapworth) erschien, andere amerikanische Entwürfe wie Rabbit (Dick Carter) und Roundabout (Sparkman & Stephens) in Europa Erfolge errangen. John Illingworth erzählte dem Autoren, daß er schon viel früher geteilte Lateralpläne vorschlug, nur hätten seine Auftraggeber etwas so Radikales nicht haben wollen. Im Jahrzehnt davor hatten die paar Flossenkieler keine Rennerfolge. Erst als die genannten Amerikaner den richtigen Rumpf zur Flosse entwickelt hatten, wurde das Rennmode. Seitdem sind aberhundert Boote nach dieser Masche gebaut worden, deren Eigner nie Rennen segeln wollten. Manche gut, andere nicht – so ist es eben mit allen Dingen. Ein Eigner eines Fabrikbootes von 8 m Länge mit Flossenkiel hat von seiner Winterreise 1982 von NW-Europa über den Atlantik via Portugal, Kanaren, Bequia zu den West Indies 1982 von einem schweren Sturm berichtet: „Wir waren uns einig, daß wir der geringen Verdrängung zu danken hatten, ohne schwere Schäden davongekommen zu sein. Das Boot trotzte der schweren See nicht, es ging über sie hinweg, gab nach. Wohl hatte ich Sorgen wegen

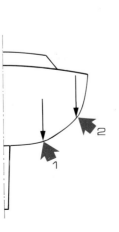

So hat die IOR-Vermessung an den Vermessungspunkten zu einer bestimmten Rumpfform mit horizontalem Schnitt an der Flossenkielwurzel geführt.

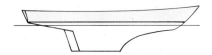

Kurzkiel mit angehängtem Ruder. Eine schlecht zu steuernde Fehlkonstruktion in den 60ern.

des Schweberuders ohne Skeg, aber es hielt." Bei einer schweren Doppelenderyacht, die um dieselbe Zeit nach drüben unterwegs war, brachen die Ruderzapfen des übergehängten Ruders, und das geriggte Notruder brach dann auch noch und beschädigte den Propeller, den der Eigner einsetzen wollte, um den Bug auf der See zu halten. (Siehe auch Kapitel 6.) Bis Mitte der 60er, als die Kiele kürzer wurden, lenkten manche das Ruder immer noch am Kiel an, andere bauten Klappen an die Flosse an und ein separates Ruder weiter achtern. Ein damals hochmoderner Unsinn, bei dem die Rennsteuermänner zwei Räder zu bedienen hatten. Die Klappe an der Flosse minderte zwar die Abdrift, aber noch mehr die Fahrt. Steuern konnte man mit Flossenklappen schon gar nicht. Versucht wurde es trotzdem. Ein oder zwei Jahre später hatten die Rennyacht-Konstrukteure ihre Lücken in Hydrodynamik nachgebessert.

Zur Zeit geht die Diskussion darum, ob Schweberuder oder ein an einer Vorfläche angelenktes „Fahnenruder" besser ist. Im Yachtbau heißt die Vorfläche Skeg, ein auch englisch falscher Ausdruck für ein Schiffbauteil namens Ruderhacke. Das Yacht-Skeg-Leitwerk ist ein freistehendes wie bei Verkehrs- und sonstigen zivilen Flugzeugen. Die Vorfläche trägt ein gut Teil zur Kursfrömmigkeit auch schneller Kreuzeryachten bei und macht die Reise jedenfalls für alle Teilnehmer angenehmer, ohne mehr als einen Hundertstelknoten zu bremsen. Das Ruder mit Vorfläche ist bei guter Konstruktion der Vorfläche auch havariesicherer. Zwar segelte ich einmal eine Yacht, bei der die Vorfläche so groß war, daß die Wirkung des Ruders fast null war. Dilettantismus unter sogenannten Yachtarchitekten ist leider ein beträchtliches Faktum. Das Spatenruder ist bis zu Lagen von 12° wirkungsvoller, aber „kitzlig", denn dann reißt die Strömung ab. Der Kompromiß Halbschweberuder mindert die Steuerkraft, ist aber strömungstechnisch die ungünstigste Lösung bei Ruderlage. Aus Havarieberichten mit Vergleichen zwischen Schweberudern und Rudern mit Vorfläche ist nichts zu lernen, denn bei diesen und jenen handelt es sich meist um Fehlkonstruktionen mangels Kenntnissen in maschinenbautechnischer Konstruktionslehre.

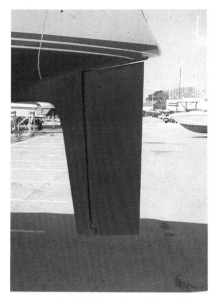

Ruder mit Skeg über die volle Länge.

Auch das ist leider ein Faktum. Es hat falsch konstruierte Skegs ebenso wie falsch konstruierte Schweberuder gegeben. Theoretisch ist das Ruder mit „Skeg" für die Kreuzerfahrt besser wegen der kursstabilisierenden Wirkung des Skegs und weil auch bei Überreaktionen des Rudergängers die Strömung nicht so schnell abreißt.

Schwebe- oder Spatenruder.

Leistung in Zahlen

Bei Vergleich verschiedener Yachten kann man deren Leistungen anhand der für sie verfügbaren Zahlen quantifizieren, selbst wenn die etwas dubios sein sollten. Drei der Größen ergeben brauchbare Verhältniszahlen: das Verdrängungsvolumen ∇, die Länge in der Wasserlinie L und die Segelfläche A_s. Die Einheiten sind Kubikmeter (m^3), Meter und Quadratmeter (m^2). In Süßwasser ist das Verdrängungsvolumen gleich dem „Gewicht" (richtiger: Masse) des Bootes in Tonnen; 1 t verdrängt 1 m^3 Süßwasser und 0,975 m^3 Salzwasser (Mittelwert). Erster Kennwert: ∇/L^3 der Volumen/Längenkoeffizient; hierbei wird das eingetauchte Schiffsvolumen mit einem Würfel von der Kantenlänge L verglichen, was auch „relative Verdrängung" genannt wird. Damit die Zahl nicht so klein wird, rechnet man in Deutschland gewöhnlich $\nabla/(0,1\,L)^3$. Zweite Kennzahl: $A_s/\nabla^{2/3} = A_s/(\sqrt[3]{\nabla})^2$ – für manche etwas komplizierter: Die 3. Wurzel macht aus dem Volumen eine Strecke, die quadriert eine Fläche ergibt, und zwar die Fläche der Wasserlinienebene. Es handelt sich also um das Verhältnis Segelfläche zu Wasserlinienfläche, eine Faustformel für Segeltragfähigkeit. Das Beispiel hier zeigt die Berechnung für zwei typische Yachten. Für die eine ist L = 6,1 m; ∇ = 1,816 m^3 und A_s = 23,4 m^2. Für die andere ist L = 12,2 m; ∇ = 16,4 m^3 und A_s = 101,5 m^2. Statt jedes vorbeikommende Boot zu berechnen, kann man sich der beiden Kurven für die unterschiedlichen Yachtgrößen bedienen. Die Begriffe „schwer" und „leicht" sind relativ und ändern sich mit den Jahren. Mit modernen Werkstoffen kann man leichter bauen als noch vor wenigen Jahren. Vergleichen

Boot 1: L_{WL} = 6,10 m; Verdrängung ∇ = 1,77 m^3; Segelfläche A_S = 23,4 m^2.

Die Formeln: $$\frac{\nabla/(0{,}1\,L_{WL})^3 \;(\text{kurz } \nabla/L)}{A_S/\nabla^{2/3}}$$

∇/L = 7,8 und $A_S/\nabla^{2/3}$ = 16

Boot 2: L_{WL} = 12,71 m; Verdrängung ∇ = 16 m^3; Segelfläche A_S = 101,54 m^2. Es hat trotz anderer Größe dieselben Kennwerte wie Boot 1.

Fahrtabschätzung für Kreuzeryachten nach einfachen Formeln.

Sie in den Tabellen zum Beispiel Ihr jetziges Boot mit dem zukünftigen, ob es leichter sein oder mehr Segel tragen soll usw.

Zwar gibt es Ausnahmen, denn Ungenauigkeit ist auch im Computerzeitalter Bestandteil der Yachtkonstruktion, doch gilt: Große Segelfläche und große Verdrängung sind bei leichtem Wetter schneller, weil große Verdrängung oft weniger benetzte Oberfläche bedeutet. Großer Volumen-/Längenkoeffizient bedeutet weniger Leistung bei frischer Brise, weil all das Gewicht durchs Wasser geschoben werden muß, während das Boot seine LWL fortbewegt. Von der großen Segelfläche hat man dann nichts, weil gerefft werden muß. Entsprechend hat kleine Segeltragzahl keine Bedeutung in Revieren mit notorisch rauhem Wetter, weil das Boot dort ohnehin Höchstfahrt läuft. Ein Leichtdeplacement kommt vor frischer Brise und bergab auf einer Welle leicht ins Gleiten, aber das ist nichts für schnelle Reisen, denn mit Gepäck und Proviant sind sie nicht mehr ultraleicht, und schwierig zu segeln sind sie auch. Im großen und ganzen sind die Zahlen und Verhältnisse hier zutreffend.

Deplacement/Längenverhältnisse nach genannter Formel von schwer bis ultraleicht.

H = S

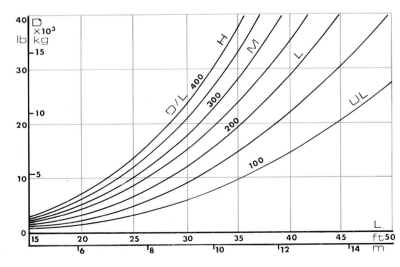

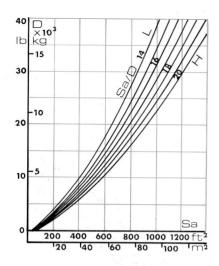

Segelfläche/Deplacement-Verhältnis (A_sD) von klein bis groß.
$L = K$
$H = G$

Spantriß. Diese Zeichnung vermittelt die beste Vorstellung von der Rumpfform eines Schiffes. Links das Achterschiff, rechts das Vorschiff.

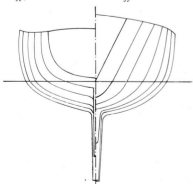

Spanten

In Anzeigen, Prospekten und Bootszeitschriften wird einem fast ausnahmslos immer nur die Seitenansicht gezeigt; wenn wir Glück haben, mit dem Segelplan. Aber der fehlende Spantenriß ist fast noch wichtiger. Seine rechte Seite zeigt das Boot in Ansicht von vorn, die linke von achtern, je zur Hälfte. Mit etwas geschultem Auge erkennt man an ihm gleich die Rumpfform, die Gestalt der Kielflosse und ihren Übergang zur Rumpfform. Man sieht, ob der Rumpf völlig oder scharf im Vorschiff ist, und welche Form das Hinterschiff hat, ob das Deck breit ist oder wegen einfallender Spantauflanger unmodern schmal. Am Seitenriß ist nichts dergleichen zu erkennen – und das ist wohl der Grund, denn aus dem Spantenriß kann jeder Ingenieur den ganzen Schiffsrumpf in seiner räumlichen Form „abkupfern", er braucht kein Schiffbauer zu sein, er braucht nur die Schiffslänge zu wissen. Ersatz für das Fehlende: auf der Werft oder Ausstellung das Boot von vorne und hinten betrachten.

In etwa erkennt man so das ∇/L^3-Verhältnis, wozu man aber Auskunft über L braucht. Einige Spantformen werden hier verglichen, wobei alle Boote gleiche Länge haben sollen. Spantrisse sagen nichts über Fahrt, wohl aber über dies: Wohnraum, Stehhöhe und Stauraum, ob sich Bilgewasser an einer Stelle sammelt oder durch die ganze Bilge schwappt (was sich ändern läßt), welche Seitenkraft gegen Abdrift der Kiel bringt (der linke in der Zeichnung mehr als die anderen) und, endlich, die Formstabilität. In allen Lehrbüchern über Yachten steht, daß flache, napfartige Spanten große Anfangsstabilität bringen und halbkreisförmige gar keine Formstabilität, sondern nur welche durch das Ballastgewicht, wegen seiner geringsten benetzten Oberfläche bei leichtem bis mittlerem Wind aber das schnellste Boot machen. Jede Yacht- und Schiffsform ist in dieser Beziehung ein Kompromiß.

Rümpfe hoch und trocken

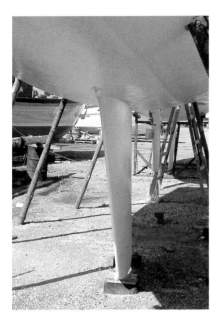

b. *Moderner Langkiel*

c. *Sehr schwerer Verdränger*

d. *Flosse zu mäßiger Verdrängung*

e. *Kompromiß zwischen lang und kurz*

a. *Renn-Flossenkiel*

f. *Oldies mit Propellerbrunnen*

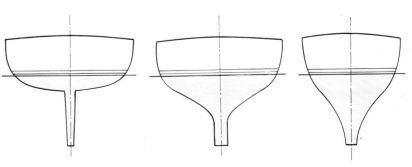

Verschiedene Yachthauptspanten; leichtes, mittleres und schweres Deplacement.

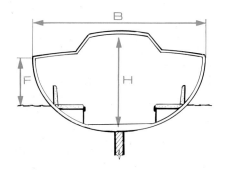

Der Wohnraum mittschiffs wird wesentlich von der Verdrängung, der Breite, dem Freibord und dem Deck und der Form des Aufbaus bestimmt.

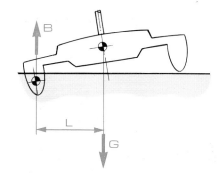

Multirümpfe haben bei kleinen Krängungen enorme Stabilität.

Mehrrumpfboote

Sie lösen die widersprüchlichen Stabilitätsprobleme auf andere Weise, brauchen keinen Ballast und sind unter anderem darum die schnellsten. Flüchtig betrachtet wären sie die Lösung für schnelle Reisen, und das Prinzip ist allen klar. Sie bestehen nur aus Formstabilität, ohne Abstriche an Segelkraft machen zu müssen, ohne schweren Ballast beschleunigen und transportieren zu müssen. Einige der vorher besprochenen Rekorde bestätigen das.

Aber die Tücken sind auch wohlbekannt, und das muß der Grund sein, warum nur eine Minderheit Gefallen an ihnen hat, ungeachtet einiger epischer Reisen, die mit ihnen gemacht wurden, ungeachtet vieler Leute, die fröhlich seit Jahren mit ihnen herumsegeln. Die Nachteile sind:

1. Geringer Stabilitätsumfang; die Stabilität verschwindet schneller als bei einem Monorumpf mit Ballast. Einmal gekentert, richtet sich ein Multirumpf nicht mehr auf, bleibt auf dem Rücken liegen, und er kentert schnell und plötzlich. Es passierte den fähigsten und aufmerksamsten Seglern, und einige ließen dabei ihr Leben. Alle Verhütungserfindungen, Masttoppauftrieb, Schotloswerfer usw. haben das Problem nicht sicher gelöst.

2. Die große Breite ist in allen Häfen hinderlich. Trimarane manövrieren auf engem Raum besonders schlecht und haben kein Deck, auf dem man entspannen kann.

3. Sie sind extrem schlechte Transporter. Lange Reisen können nur kleine Crews mit ihnen machen.

4. Die Baufestigkeit ist ein äußerst schwierig zu meisterndes Problem. Es gibt zwei Konzepte: die Rennmaschine mit großen, hohen Segeln und schmalen Rümpfen mit Unterkunft für einen, höchstens zwei, und das Floß mit Segeln, breit, relativ dicke Rümpfe, Haus auf der Brücke und aus Sicherheitsgründen mit kleinem Rigg. Schneller als normale Kreuzer sind diese nicht.

Wo Tücken sind, gibt's auch ein paar Vorzüge. Weil Multirümpfe keinen Ballast haben, sinken sie nach dem Kentern nicht, und einige von ihnen haben Fluchtluken und ein paar Hilfen fürs Überleben in solch mißlicher Lage. Einige Crews haben in solchen Booten mit Auftriebskörpern trotz Leck überlebt, bis sie jemand fand. Mit ihrem geringen Tiefgang (ohne Schwerter) kann man sie auf Strand setzen, wenn das Wetter danach ist.

Der Nachteil von Multirümpfen: der totale Stabilitätsverlust bei etwa 85 . . . 90 Grad und danach negative Stabilität.

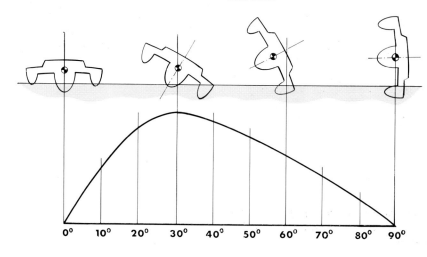

Koch und Navigator schätzen sie bei ihrer Arbeit, weil sie nur wenig krängen.

Für die schnelle Reise mit Multirümpfen kommen nur Katamarane und Trimarane in Frage. Die Proa ist ungeeignet, auch wenn die Polynesier mit ihnen offenbar die Inselwelt des westlichen Pazifiks besiedelt haben − bei deren Klima kann man in offenen Booten reisen. Der Rumpf der Proa muß gleiches Vor- und Hinterschiff haben, der Mast steht in der Mitte oder es werden zwei Masten in gleichem Abstand von der Schiffsmitte gefahren. Wenden und halsen kann die Proa nicht. Für den anderen Kreuzschlag muß sie gestoppt werden. Der

Ausleger wird bei der Proa des Weißen Mannes in Lee gefahren, bei den Polynesiern in Luv und notfalls ausgeritten.

Rumpf und Ausleger von Trimaranen haben zwecks Minimierung der benetzten (Reibungs-)Oberfläche meist Halbrundspant. Der Mittelrumpf ist schmaler im Vergleich zum Einrumpfboot; darinnen ist es eng. Segelhandling ist wegen des schmalen Decks schwierig. Zuviel Ladung senkt die Fahrt stärker als beim Einrumpf, und die Auslegerbalken dürfen dem Wasser nicht zu nahe kommen, und beide Schwimmer im Wasser sind nicht im Sinne des Konstrukteurs. Man darf Trimarane nicht überladen. Nichtsdestotrotz ist es ein herrlicher Anblick, wenn eine mäßige, frische oder auch starke Brise einen Trimaran in Bewegung bringt, wenn er mit 10, 15, 20 oder noch mehr Knoten selbst moderne Yachten einfach stehenläßt, als wären sie Relikte aus dem 19. Jahrhundert.

Katamarane waren die ersten Mehrrümpfer auf offener See und haben zusammen die größere Streckenerfahrung auf Langtörns ersegelt. Die Serienbauten unter ihnen sind, wie erwähnt, für mehr beschauliche Reisen mit mehr Betonung auf Wohnfläche denn Fahrt. In Seerennen waren Katamarane nicht sonderlich glückhaft. Das übernahmen in den 70ern die Trimarane; auch mit weniger Katastrophen. Im Einhandrennen gegen den Wind über den Atlantik 1984 waren 7,60 kn der beste Schnitt, und für die Zweimanncrew 1981 hatten die Sieger 8,57 kn Durchschnitt herausgesegelt. Alle Monorümpfe blieben weit abgeschlagen. Die „Maxi-Renner" unter den Einrümpfern mit großen Crews erreichten bei anderen Rennen solche Durchschnitte, aber noch nie beim Transat von Ost nach West. In den frühen 80ern wurden große Katamarane als Einhandrenner wieder etwas „populärer" (wenn dieser Ausdruck bei deren Preisen erlaubt ist) unter Ein-

Der beengte Wohnraum im Schwimmer eines 18 m langen Katamarans.

Katamaran mit ausreichendem Wohnraum.

handlangstreckenrennern. Eines der Probleme mit Katamaranen ist die Festigkeit ihrer Querbalken zwischen den Schwimmern, die länger als bei Trimaranen sind, und mehr noch die harten Kraftumlenkungen an den Befestigungspunkten. Hier können vor allem in einer Kreuzsee kaum abzuschätzende Wechselspannungen auftreten, weil jeder Schwimmer es im gleichen Zeitpunkt mit einer anderen Welle zu tun hat als sein Nachbar.

Ein Katamaran braucht an jedem Schwimmer ein Ruder, und beide müssen gekoppelt sein. Den Wohnraum wird man teils in den Schwimmern, teils im Mittelaufbau unterbringen, den man bei sehr großen Fahrzeugen vielleicht wegläßt, um den Luftwiderstand zu mindern. Generelles über die Geschwindigkeitspotentiale zwischen Kat und Tri läßt sich nicht sagen, denn die Vielfalt der Entwürfe ist zu groß, die Entwürfe zu spezifisch.

Beinahe keinen Lebensraum gibt es auf diesem Rennkat.

Für Tempo und Festigkeit gebaut

Multirümpfe sind zwar eine Leichtbaumethode, aber auch ein Kurs, der der Mehrheit der Fahrtensegler nicht zusagt, und so sind die Versuche, den Monorumpf leichter zu machen, in vollem Gange. Erfolge sind schon erzielt worden. Leichtigkeit ist gleichbedeutend mit Geschwindigkeit, auch bei den „Bleitransportern", wie die Kat- und Tri-Segler spotten. Das Blei oder Gußeisen wird nur mitgeschleppt, um den Yachtschwerpunkt tiefer zu legen, um Steifigkeit zum Tragen der Segel zu geben. Sind Rumpf, Rigg und Einrichtung aber leicht, kann auch die Ballastmasse mit ihrer Trägheit reduziert werden; tut man es nicht, sinkt der Schwerpunkt noch tiefer, und die Yacht kann größere Segel tragen. Zu steif aber bedeutet ein Schiff unangenehmer Bewegungen und harte, ruckartige Beanspruchung des Riggs.

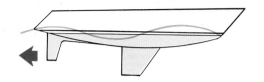

Jedes unnötige Kilogramm Masse kostet am und vorm Wind Fahrt. Besonders nachteilig ist es vorm Wind. Am Wind dagegen trägt Masse wenigstens zur Steifigkeit bei und damit zu mehr Vortriebskraft. Vor dem Wind hat die verfügbare Segelfläche lediglich die Verdrängungsmasse Wasser mit jeder zurückgelegten Wasserlinienlänge beiseite zu schieben − so wenigstens die Grundüberlegung. Mehrgewicht braucht mehr Rigg, um die Fahrt zu halten, was mehr Geld kostet, oder Verzicht auf schnellstmögliche Reise, besonders bei schönem Wetter, wenn sie besonders erfreulich wäre.

Bauliche Ansprüche

Doch schnelle Boote stellen einen widersprüchlichen Anspruch: Festigkeit. Anders als der Marinalieger muß der schnelle Kreuzer über Rumpf, Rigg und Beschläge mit großer Festigkeit verfügen, um schnelle Reisen über weite Strecken und auch durch schlechtes Wetter machen zu können.

Zum Trockenfallen und bei Grundberührungen muß der Rumpf stark sein.

Ein modernes Problem ist bei den Serienbooten, daß die meisten nur zu sanfter Wochenendsegelei die Marina verlassen, weshalb die Fabrikanten die Boote nur stark genug für diesen Zweck bauen. Ich will sie deswegen gar nicht tadeln, denn wer würde den höheren Preis für eine Festigkeit bezahlen, die er nie zu testen beabsichtigt? Die Bootsbauer sagen auch gar nicht, dieses oder jenes Boot sei „schwächer", sondern billiger und man sehe ihm eben an, daß es nicht für größere Passagen gedacht sei.

Zurück zum schnellen Kreuzer und dem, was er auszuhalten hat. Er unterliegt ständig wechselnden, ständig wiederkehrenden Belastungen. Spart man bei ihm am nötigen Material, hat das Gefahren zur Folge. Hier kann man leichtes Gewicht nicht auf Kosten konstruktiver Festigkeit erreichen. Sie wird 1. bei leichten und heftigen Kollisionen mit Kaimauern, dem Grund oder anderen Schiffen benötigt. So was sollte nicht zur Unterbrechung der Reise und zum Aufsuchen einer Werft führen. Auch mehrmaliges Aufsetzen auf hartem Grund sollte die Yacht vertragen können. Sie wird 2. für die nötige Formbeständigkeit der Yacht benötigt. Ein Rumpf, der unter den Lasten der Segel und des Seegangs zu sehr arbeitet, zu weich ist, kann nicht schnell sein. Teure Segel an zu leichten Spieren wehen aus der Form und holen zu wenig Kraft aus dem Wind. Das Anknallen des Achterstags, um das Vorstag steifer zu setzen, bringt nichts, wenn man damit nur den zu weichen Rumpf krummzieht. Sie wird 3. gegen Seeschlag und Slamming (Aufschlagen des Bootsbodens aufs Wasser) gebraucht, bei dem alles an Bord erzittert. Die dabei auftretenden Verwindungen zu schwach gebauter Boote haben schon WCs zerspringen und Kettenkästen bersten lassen. Sie wird 4. in schwerem Wetter gebraucht, wenn die Kämme und Brecher hoher Seen an Deck kommen. Wie gewaltig die Kraft des Wassers ist, weiß jeder, dem eine überkommende See an Deck die Beine hat über Bord waschen wollen. Es wird ihm mahnend in Erinnerung bleiben. 5. Beschläge und Befestigungen stehen unter ständiger, zudem laufend in der Stärke wechselnder Spannung. Das verlangt technisch einwandfreie Konstruktion und Berechnung. Beispielsweise die Motorfundamentierung, die Mastspur, die Befestigung der Rüsteisen, die den Zug der Wanten aufnehmen müssen, Vorstag- und Achterstagbeschlag, die Verbindung von Rumpf und Deck, die Befestigung der Relingsstützen usw.

Ein biegesteifer Rumpf ist wegen der großen Seilkräfte im Vor- und Achterstag mit Spanner A und dem Mastdruck unabdingbar.

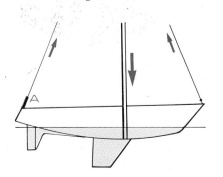

Werkstoffe

Glücklicherweise sind Boote nicht die einzigen Fahrzeuge, für die man leichte und feste Werkstoffe sucht. Der Yachtbau profitiert von Entwicklungen des Flugzeugbaus und der Raumfahrt. Natürlich wägt der Konstrukteur die Beziehungen von Preis, Festigkeit und Gewicht bei der Werkstoffwahl. Festigkeit wird in zulässiger Spannung N/mm^2 ausgedrückt (veraltet noch kp/cm^2); die Werte stammen aus Materialprüfanstalten und werden in Büchern und Tabellen veröffentlicht. Man unterscheidet Zug-, Druck-, Biege-, Schub- und Torsionsspannung. Stagen stehen unter Zugspannung; der Mast unter Druck und Torsion; der Bootsboden an den Kielbolzen unter starkem Druck, der Ruderstock eines Spatenruders unter Biege- und Torsionsspannung. Der Elastizitätsmodul (E-Modul, E) gibt an, unter welcher Spannung ein Werkstoff anfängt, sich bleibend zu verformen, das heißt, nach Entlastung nicht mehr in seine ursprüngliche Gestalt zurückzugehen. Nur bei statischer Belastung dürfte man an diese Grenze

gehen, sie überschreitet gewöhnlich nie die Spannung für 5 % Dehnung und muß bei wechselnder Belastung weit darunter bleiben, damit keine Ermüdungsbrüche auftreten. Die folgende Tabelle zeigt oberflächlich einige Werkstoffe im Vergleich.

Faserverstärkte Kunststoffe (FVK) sind heute das meistverwendete Bootsbaumaterial, und unter diesen die mit Glasfasergeweben, -matten und -strängen verstärkten. Die Faser liefert die Festigkeit, nicht der Kunststoff. Mit Kohle- und Aramidfaser (z. B. Kevlar) kann man leichter und fester bauen, aber das Zeug ist teuer.

Bei Biege- und Torsionsbeanspruchungen werden nur die Randzonen eines Werkstücks beansprucht, auf der konvexen Seite auf Zug, auf der konkaven auf Druck. Die Mittelachse ist spannungsfrei. Je weiter die Randzonen auseinanderliegen, um so biegesteifer ist das Werkstück. Das nützt man mit der Waben- oder Schaumkernbauart aus: hochfeste und leichte Innen- und Außenhaut, verbunden durch einen Kern, der nichts zu tragen hat und das Tragende nur auf richtigem Abstand zusammenhält. Auch Balsa wird als Kern benutzt.

Material	Dichte kg/dm³	Zugfestigkeit N/mm²	E-Modul N/mm²	E-Modul Dichte
Vollholz (Mittel)	0,70	190	10 430	14 900
Sperrholz	0,59	89	9 890	16 760
Glasfaser/Plastik*	1,60	200	10 000	6 250
Kevlar/Plastik	0,93	270	20 480	22 020
Stahl	7,85	205	206 000	26 240
Aluminiumlegierung	2,70	140	70 000	25 925
Ferrozement	2,60	?	?	?

* UP-Harz. 50 % Glasanteil

Das meistverwendete, weil billige Harz ist Polyester (UP). Es ist leicht zu verarbeiten, und kleine Fehler bei der Dosierung der Härtungschemikalien machen nicht viel aus. Bei Raumtemperatur wird ein Aushärtungsgrad von 96 % nach 10 Tagen erreicht. 100 % Aushärtung werden nur durch eine anschließende Wärmebehandlung von 8...10 h bei 60...100 °C erreicht. Solange ein Boot noch den auffälligen Styrolgeruch ausströmt, ist die Aushärtung < 95 %. Ein Zertifikat oder eine Klasse von Lloyd's Register of Shipping oder dem Germanischen Lloyd (GL) ist bei diesem Harz und auch bei den anderen vertrauensbildend, denn einem fertigen Plastikboot kann man nicht ansehen, ob die Chemie stimmt oder nicht.

Epoxidharz (EP) ist fester und elastischer als UP, aber hier müssen die Härter ganz exakt zugemischt werden,

Carbonfasertuch für GFK.

weil sie nicht wie die des UP katalytisch wirken, sondern ein Reagenz sind, das in die Molekularstruktur des harten Harzes eingebaut wird. EP wird auch als Kleber zum formverleimten Sperrholz und als sehr festes Verbindungsmittel in der Konstruktion gebraucht.

Die Armierung der Harze besteht überwiegend noch aus Glasfaser, die preisgünstig, aber relativ schwer ist. Glasmatte aus gebundenen Faserhäckseln ist in einem Laminat gewöhnlich die Mittellage, weil sie keine große Festigkeit vermittelt. Als Außenlage unter der Feinschicht wird Glastuch genommen, das nur wenig Harz aufnehmen kann, aber glatt liegt; man tränkt es bei hochwertigem Bootsbau mit Feinschichtharz auf Basis von Isophtalsäure-Neopentylglykol, das dicht gegen Wassermoleküle ist; solches auf Orthophtalsäurebasis nicht. Die

Hauptfestigkeit bringt Rovinggewebe. Bei Glasfaser gibt es einen Unterschied zwischen E-Glas, untere Zugfestigkeit 200 N/mm^2, und S-Glas, 290 N/mm^2. Zum Vergleich: Kohlefaser hochfest 240 N/mm^2 und Kevlar 270 N/mm^2. (In der Tabelle stehen Laminatfestigkeiten, nicht die der Fasern.)

Kevlar ist ein Markenname von DuPont für eine Aramidfaser, die sehr leicht ist, Dichte 1,45 kg/dm^3. Bei Motorrennbooten wird es extensiv mit Glas- oder Kohlefaser verwendet; bei Segelrennyachten nur an hochbeanspruchten Stellen, denn zu leichte Yachten beschleunigen wohl schnell, werden ebenso schnell aber auch von etwas Seegang gebremst.

Kohlefaser (extrudiertes Graphit) ist ein festes, starres, aber für Wechselbeanspruchungen zu sprödes Material, was in Rennen von 1979...1980 zu zahlreichen Ruderbrüchen geführt hat.

Die Sandwichbauweise wird gerne bei Decks verwendet, weil die wegen fehlender oder geringer Wölbung wenig Formsteifigkeit haben. Als Kernmaterial wird Balsa(holz) mit dem Hirnholz zu der Innen- und Außenhaut eingelegt, so daß das Harz sich mit den Kapillaren des Balsa verbinden kann. Balsa ist leicht und außerdem ein guter Isolierstoff gegen Kälte und Wärme, weshalb es auch gerne für die

Armierungsglas für GFK.

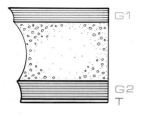

Typische Sandwichkonstruktion mit Balsa oder PVC-Schaum als Kern (C); G₁ Innenhautlaminat ca. 15 % der Wanddicke; G₂ Außenlaminat, ca. 20 %; T Feinschicht.

Seitenwände des Rumpfes genommen wird. Seit 1984 lassen die Klassifikationsgesellschaften Balsa auch als Kernmaterial im Rumpf unterhalb der Wasserlinie zu.

Mit einigen Schäumen als Kernmaterial hat man keine sehr ermutigenden Erfahrungen gemacht. Wo es auf Festigkeit ankommt, muß damit sehr sorgfältig gearbeitet werden. Bei engen Rundungen verdrücken sich manche Schäume beim Aushärten der Glasharzaußenschichten, weil die dabei etwas schrumpfen (nicht bei EP). Für den Innenausbau, auch tragende Schotten, ist Schaumkernsandwich gut und leicht. Der (teils) erfolgreiche deutsche Rennyachtbau verwendet einen präparierten Papierwabenkern und warme Aushärtung der deckenden Schichtlaminate.

Traditionswerkstoff

Es gibt noch Bootsbauer, die ein Schiff in Spanten stellen und es dann beplanken. Aber heutiger Holzyachtbau beherrscht auch eine moderne Leichtbautechnik: Der Rumpf wird Furnierschicht für Furnierschicht auf einer Patritzenform (erhaben, nicht hohl) mit Furnierstreifen und Kleber (EP oder Resorzin) aufgebaut und in einer Enklave unter Hitze ausgehär-

tet. Das ergibt eine feste und leichte Außenhaut, die von innen mit eingeklebten Längsstringern und, wo nötig, leichten Querspanten noch steifer gemacht wird. Das Verfahren ist arbeitsaufwendig, aber das ist ein gutes Plastikverfahren in handwerklicher Baumanier auch. Holz natur muß alle Jahre lackiert werden. Holz mit Plastikschutz sieht aus wie Plastik.

Stahl gehört heute wohl auch in diese Kategorie, obwohl die ersten eisernen Schiffe, auch die ganz großen, aus kohlestoffarmem Schmiedeeisen gebaut waren, das den Vorteil hatte, nur eine dünne, glatte Rosthaut zu bekommen, aber keine Rostnarben. Man kann dauerhafte Kreuzer daraus bauen, schnelle aber nur, wenn sie 20 m lang und länger sind. Der Kampf mit dem Rost ist dagegen jetzt nicht mehr so wild, denn die moderne Plastikchemie hat auch haltbarere, dichtere und zähere Farben gebracht. Nur − Stahl ist schwer.

Moderne Holzkonstruktion aus formverleimtem Sperrholz.

Leichtmetall, eine Zeitlang der Baustoff für schnelle Rennyachten, in diesem Fach aber etwas auf dem Rückzug, ist für schnelle Kreuzeryachten immer noch Spitze. Hier kann man einmal etwas allgemein Verständliches über den Elastizitätsmodul sagen: Stahl mit dem beträchtlich höheren E-Modul kann einen viel kräftigeren Knuff vertragen als ein Aluminiumschiff, ohne sich zu verformen. Kommt es aber zu einem wirklich harten Zusammenstoß mit irgend etwas, dann hat der Stahl ein Leck, das Leichtmetall eine große, aber immer noch dichte Beule. Dafür muß man in einem Leichtmetallboot darauf achten, daß der Elektriker keine Restchen von Kupferkabel in der Bilge zurückläßt, denn die machen mit Seewasser in der Bilge kleine Lecks ohne jedes Geräusch. Eine Folge galvanischer Korrosion, der man bei Aluminiumbooten auch als Eigner mit Wissen und Wachsamkeit vorbeugen muß, denn fast jedes im Bootsbau verwendete Metall ist edler als alle Aluminiumlegierungen, von denen auch nur einige seewasserfest sind.

Von Ferrozement halte ich gar nichts, gestehe aber ehrlich, damit auch keine persönliche Erfahrung, noch einigermaßen verläßliche Auskünfte bekommen zu haben. Bei Sausalito, nicht weit von San Francisco, soll es einen Ferrozementyacht-Bauplatz geben, den die Leute „Place of Eternal Hope" nennen, weil da so viele Bauruinen von Ferrozement-Yachten stehen; von Selbstbauleuten, denen tüchtige, aber gewissenlose Verkaufskanonen ihre nicht ganz billigen Pläne und lückenhaften Bauratschläge verkauft hatten. Eine Ferrozementyacht, ein professioneller neuseeländischer Bau, hatte das Sydney-Hobart-Rennen gewonnen. Es hat zwischen 1970 und 1975 in Neuseeland, wo Bauholz

Aluminiumkonstruktion.

knapp war, und in England Werften gegeben, die guten Betonbau lieferten, aber das Verfahren kostet fast noch mehr Arbeitsstunden als erstklassiger Kunststoffbau von Hand, und so viel billiger ist Zement mit Sand denn auch nicht.

Kurzbesichtigung

Bei den vorbereitenden Handlungen zum Erwerb einer schnellen Reiseyacht aus dem riesigen Angebot der Bootsfabrikanten oder dem kaum minder großen auf dem Gebrauchtbootmarkt gibt es eine Reihe von Prüfungen, die der angehende Eigner selber machen kann, um nicht hereinzufallen; und das schon lange bevor er einen professionellen Sachverständigen bemüht, der die letzte Gewißheit geben soll, aber nach Zeit bezahlt wird. Wir halten uns hier nur an Yachten aus Kunststoff.

1. Peile längs den Bordwänden, ob sie glatt verlaufen. Unebenheiten sind nicht unbedingt ein Festigkeitsmangel, zeigen aber mangelnde Steifigkeit oder schlampige Verarbeitung.
2. Sichtbare Rovingstruktur ist schlechtes Finish. Warum soll man das kaufen?
3. Rumpf-Deckverbindung; bei einem neuen Boot mag der Verkäufer ausführlich erklären, wie es gemacht ist (außer er wäre nicht besonders stolz darauf). Achte auf Bolzen und Reparaturen; sie sind selten dicht.

Worauf man achten sollte.

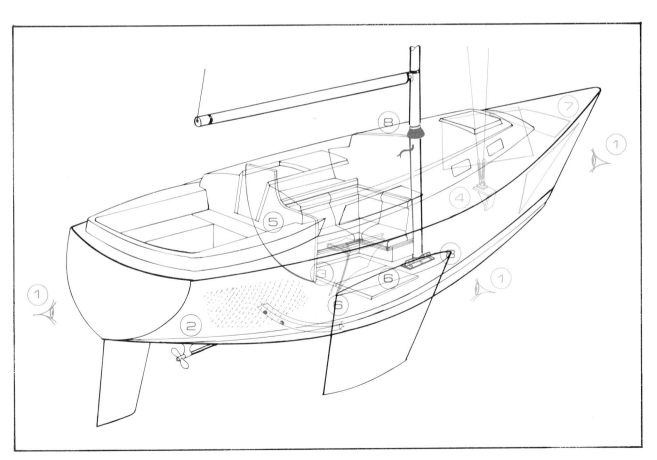

4. Rüsteisen (Püttings) sollten ordentlich im Kunststoff verankert sein. Achte auf Zeichen von Überanstrengung an diesen Stellen im Gel und Laminat. Die Decksdurchführung der Eisen muß perfekt wasserdicht sein.

5. Schotten und Einrichtung. Erstere sollten fest mit dem Rumpf verbunden und der Kraft eines gegen sie geschleuderten Mannes gewachsen sein. Die Möbel müssen feststehen, so daß man sich im Seegang daran festhalten und nicht verletzen kann − keine scharfen Ecken!

6. Die Bilge muß überall zugänglich und auch bei normaler Krängung lenzzupumpen sein. Nüstergats (Löcher) in den Bodenwrangen müssen den Durchlauf des Bilgewassers zwischen den Abteilungen erlauben. Die Bodenbretter dürfen nicht klemmen.

7. Die Verkleidung der Kajütsdecke muß entweder fest aufgeklebt sein oder leicht abnehmbar, wenn zwischen ihr und dem Deck ein Luftraum ist, damit man an die Befestigungen der Decksbeschläge herankommt, ohne das halbe Schiff auseinanderzunehmen.

8. Bei auf dem Kiel stehenden Masten muß die Mastspur groß genug zur Verteilung des Mastdrucks sein. Das Mastloch im Deck mit Mastschlinge, Keilen und Kragen prüfen, ob es dicht und nicht ausgeweitet ist. Steht der Mast auf Deck, sollte darunter ein kräftiges Schott zur Aufnahme des Drucks sein. Die Lichtleitungen im Mast und deren Decksdurchführungen prüfen; die Anschlüsse müssen unter Deck liegen, nicht auf Deck.

Decks-
ausrüstung

Das Vergnügen am schnellen Fahrtensegeln hat viel mit der Güte der Ausrüstung an Deck zu tun. Zu viele Boote werden gleichgültig dahergesegelt, weil die Ausrüstung an Deck und im Rigg so ist, wie sie schon immer

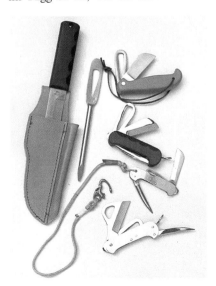

Das sollte jedes Crewmitglied an Deck bei sich haben.

war. Sie macht das Boot lahm, weil sie umständlich zu handhaben ist oder altmodisch geworden ist oder, tut mir leid, der Erbauer sich hätte Besseres einfallen lassen können. Selbst bei einem neuen Boot − gerade bei einem neuen − sollte man die Dinge nicht so lassen, wie sie sind, sondern zu mehr Freude am schnellen Segeln verbessern. Sie kommen als Serienboot nicht so auf den Markt, um mit dem Preis unter dem der Konkurrenz zu bleiben; das ist nun mal ein wichtiges Verkaufsargument.

Ausrüstungsqualität

Vor allem geht's um gute Konstruktion, und die kann man nur Stück für Stück beurteilen: Zugänglichkeit, Handigkeit, Leichtgängigkeit, Verschleißstellen. Alles an Deck muß mit Schraubbolzen durch das Deck (gut abgedichtet) befestigt sein, sonst ist es nicht fest. Doch leicht muß es sein,

35

denn die Yacht wird langsam, wenn sie schwer wird. Vermeide unnötigen Luftwiderstand; Spieren und Bootshaken an den Wanten, Zulüfter, Spritzkappe, Relingskleider und − sind die selten benutzten Flaggleinen wirklich nötig?

Alle Decksmaschinerie (auch Winschen sind Maschinen) muß ohne körperliche Verrenkung bedienbar sein, Klampen nicht zu nahe an Fußrelings stehen, Winschen eine Nummer größer als serienmäßig. Jeder in der Crew sollte ein Seglermesser mit Marlspieker (Dorn) und Schäkelöffner bei sich tragen und etwas Bändselgut und Segelgarn in der Tasche haben. Nichts in Taschen oberhalb der Gürtellinie tragen. Keine „Engländer" (Franzosen)! Die machen aus Sechskantschrauben Rundkopfschrauben.

Festmacherklampen gelten auf Rennyachten als überflüssig.

Ankern und Festmachen

Grundgeschirr und Beschläge zum Festmachen müssen effektiv sein, aber sie machen die Yacht nicht schneller. Seerennyachten haben keine Klampen und machen ihre Leinen an anderen Dingen fest. Die 23 m FLYER (Holland), Siegerin im Round the World 1981/82, hatte kein Grundgeschirr, weil sie nur drei Häfen anlaufen wollte. In einem Bugbeschlag gefahrene Anker wirken bremsend und können sogar gefährlich sein. Auf Deck gezurrt sind sie nicht viel besser, in einer Decksmulde sind sie immer noch stabilitätsmindernd und in ungünstiger Stampfposition. Die (wenigstens zwei) Anker müssen für schnelle Reise unten im Schiff gezurrt werden; falls im Vorlogis, dann dicht bei des-

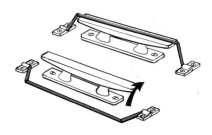

Ein Klappdraht hält laufendes Gut von der Klampe fern.

Ohne kräftige Bugrolle ist das Ankerlichten schwierig. Ein Steertblock an der Bugklampe kann helfen.

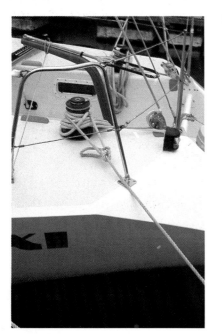

Ein ständig am Bug gezurrter Anker.

Ankerkästen im Deck sind fast schon üblich.

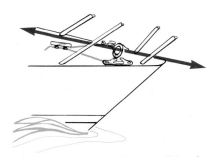

Ein großes, kräftiges Leitauge führt die Schlepptrosse zum Mast, an dem sie belegt wird.

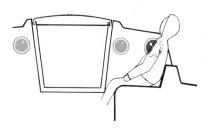

Pinnensteuerung ist auf großen Rennyachten sehr in Mode.

sen Achterschott, durch das man Löcher bohrt zum Durchstecken der Ankerlaschings. Bezüglich Festmachklampen ist ein Kompromiß erlaubt. Leichtmetall, aber fest, mit Schraubbolzen, Muttern und Unterlegplatte, zwei vorne und zwei achtern montiert, das reicht. Irgendwas, das verhindert, daß die Leinen kratzen, ist ratsam. Hat der Bugbeschlag keine Führung für die Ankertrosse, kann man sich mit einem Klappblock behelfen, man sollte sich aber baldigst einen Beschlag mit Führung anschaffen, denn er wird auch zum sicheren Schleppen des Bootes gebraucht. Achtern kann man auf Leitaugen oder -lippen verzichten und die großen Klampen zum Belegen von Schoten oder anderem laufenden Gut benützen. Zum Führen einer dicken Schlepptrosse besorge man sich einen kräftigen Stahlring von 80 mm Durchmesser, der am Bugbeschlag festgemacht wird.

Die Plicht (Cockpit)

Die Plicht ist der Ort der Freude am Segeln für die Crew — jedenfalls bei gutem Wetter. Der Steuermann möchte zudem den Kompaß gut sehen können; bei Radsteuerung kein Problem, da ist er gewöhnlich auf der Steuersäule, an der auch Schalt-Gashebel und (hoffentlich) ein Rudersperrschloß angebracht sind. In den USA haben Yachten von mehr als 10 m Länge meist Radsteuerung, in Europa steuert man noch 12,5 m oft mit der Pinne. Das kostet, richtig gemacht, einen großen, auch von weitem lesbaren Kompaß mehr, einen auf jeder Seite am Kajütschott in etwa Augenhöhe des Steuermanns, aber nicht zu weit von der Mitte weg, sondern so, daß die Crew sich mit dem Rücken am Waschbord anlehnen kann.

Bei Radsteuerung ist die Kompaßaufstellung auf der Steuersäule oder Brükkenstruktur vor dem Rad einfach; bei Pinnensteuerung dagegen manchmal schwierig. Die übrige Crew darf die Sicht zum Kompaß nicht behindern. Der Kompaß soll sich möglichst in Augenhöhe des sitzenden Steuermanns und nicht zu weit von ihm entfernt befinden. Unten: Zwei Kompasse im Kajütschott dicht beim Niedergang, damit die übrige Crew sie nicht verdeckt.

Man wähle eine möglichst praktische Pinne. Es muß nicht der traditionelle hölzerne und gelackte Knüppel sein.

Mittelplicht und Achterkajüte.

Der Steuermann muß es bequem haben, damit er stundenlang steuern kann; auch kein Problem bei einem Sitz hinter dem Rad, aber Pinne ist nicht so bequem, denn bei starker Krängung muß er hoch aufs Waschbord und ist für gepolsterte Relingsdurchzüge dankbar, die auch etwas vor und zurück rutschen dürfen. Die Pinne muß einen Ausleger haben, der sich auf der Pinne beiklappen läßt. Warum die Räder oft ein Lederkleid bekommen und die Pinnen nicht, wer weiß es? Oft wird eine Notpinne mitgeliefert und mitgeschleppt, obwohl es selten die Pinne ist, die bricht.

Cockpitdesign ist ein weites und wichtiges Feld. Unter den vielen Arten gibt es drei Haupttypen für ein Segelboot: Mittelplicht, die durch ein Brückendeck vom Niedergang getrennt, aber auch unmittelbar ans Kajütschott

Ein gestuftes Brückendeck trennt Plicht und Niedergang.

Eine achtern offene Plicht hält kein Wasser fest.

Ein Rückenpolster für den Mann am Ruder.

angeschlossen sein kann. Ein offener Spiegel wird Wasser schnell wieder los, ist bei Kreuzern aber nachteilig im Hafen. Bei all ihren Vorteilen ist die Mittelplicht die gefährlichste, falls sie vollgeschlagen wird, weil das Wasser in die Vorderkajüte und Achterkajüte laufen kann. Und wie viele halten sich gleichzeitig in der Plicht auf? Im Rennen sitzen alle auf dem Luvdeck (und machen unnötigen Luftwiderstand). Auf Törn ist das wohl nichts, und bei Schlechtwetter sind 60 % der Belegschaft unter Deck, obwohl sie bei Radsteuerung in der Plicht Platz hätten. Bei Pinnenruder muß der Pinnenwinkel in der Plicht frei von der Mannschaft bleiben. Eine Gräting ist hübsch, aber schwer und muß gegen Aufschwimmen gesichert sein. Vergiß sie, aber achte auf rutschsicheren Plichtboden.

Sichtbare Instrumente sind so wichtig wie sichtbare Kompasse. Weil sie teuer sind, gebührt ihnen ein teurer Extraplatz über dem Schiebeluk, aber das beliebte Stehen im Niedergang ist dann verboten. Eventuell müssen Wind- und Fahrtanzeige usw. auch doppelt installiert werden.

Die Großschotführung ist wichtig. Es gibt da bewährte Rennausrüstungen, die auch für Kreuzer in Frage kommen, weil sie erlauben, die Schot am Wind wirklich dichtzuholen. Viele Fahrtenyachten segeln am Wind zu offen, weil die Kraftübersetzung der Großschot zu klein ist.

Niedergangsluk

Die modernen Schiebeluken sind gut konstruiert und wasserdicht. Nach vorne fahren sie unter eine Haube, so daß sich an der Kreuz kein Preßwasser unter das Luk und in die Messe drükken kann. Auf größeren Yachten muß man gewöhnlich über ein Brückendeck zwischen Plicht und Niedergang steigen, um unter Deck zu gelangen. Bei kleineren Yachten fehlt das Brükkendeck manchmal, weil es Platz kostet. In solchem Fall sollte das Achterschott beim Niedergang ein wenigstens 20 cm hohes Süll und darüber mit kräftigen Bolzen sicherbare Einsteckschotten aus wenigstens 10 mm dickem, erstklassigem Sperrholz haben, die bei schlechtem Wetter bis zum oberen Rand des festen Kajütschotts eingesteckt sein müssen, damit bei einer Kenterung kein Wasser nach unten gelangen kann. Das Schiebeluk muß durch kräftige, gut gesicherte Gummipuffer am Herausfliegen in die Plicht gehindert werden; ebenso in Gegenrichtung, denn es hat die Wucht eines Vorschlaghammers. Ich gestatte im Sturm nie, das oberste Steckschott zur besseren Lüftung unter Deck offenzulassen, denn es kann bei einer Kenterung den Untergang des Schiffs bedeuten. Auch das Schiebeluk muß geschlossen und verriegelt sein. Die Verriegelung muß von außen und innen zu bedienen sein. Siehe auch Kapitel 7.

Ein Schiebeluk mit Überkappe gegen Wasser von vorn und Sicherungsriegel.

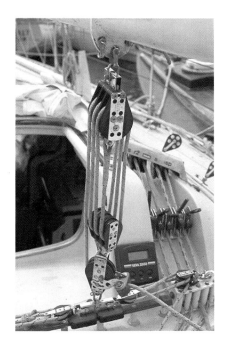

Ein kräftiges Großschotarrangement ist unumgänglich.

Andere Luken

Auf See werden sie permanent geschlossen und verriegelt gefahren. Das heutige Angebot umfaßt viele Größen (ein Mann muß hindurch können) und Qualität von unbrauchbar bis ausgezeichnet. Nur durch Gummiknebel niedergehaltene Plexiglasdeckel sind lebensgefährlich in See- und Küstenfahrt. Die besten haben: a) eine Friktionsstütze, die das Luk in jeder Stellung offenhält und Zufallen auf Kopf oder Finger verhindert; b) Scharniere vorne; c) von innen und außen zu öffnende Verriegelung, aber von innen abschließbar ohne abnehmbaren Schlüssel – der Fluchtweg von innen muß immer zu öffnen sein, auch im Winterlager! Luken mit Süll sind dichter als glatt ins Deck eingepaßte. Luken sollen keine Stolperarmierungen oder Fußverrenker über dem Glas haben. Lukenecken müssen gerundet sein, damit Leinen und Segel an Deck

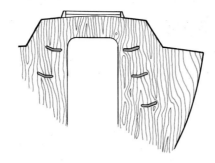

Für Begehbarkeit bei Krängung gerundete Sprossenbretter am Schott für den Aufstieg zur Deckssluke.

nicht an ihnen schamfilen. Unterm Luk müssen Fußstufen problemloses Aussteigen möglich machen. Nach vielen Meilen schneller Reise rate ich: keine Luken und Bakskisten in der Plicht; sie sind nie dicht. Besser Lösungen wie auf Rennyachten. Der Kasten für die Gasflasche muß absolut dicht gegen Innenschiff und Plicht sein und einen Bodenabfluß nach außenbords haben.

Plichtbackskisten sollten nicht in die Bilge lenzen, wie „dicht" ihre Klappdeckel auch sein mögen. Hier ist's die Kiste für die Gasflaschen, deren Bodenabfluß geradenwegs außenbords oberhalb der Wasserlinie enden muß. Die Kiste darf keine Verbindung mit dem Yachtinneren haben.

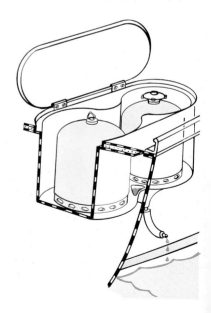

Modernes Vorluk mit aufgeklebten Antirutschstreifen.

In dieser Rennplicht gibt's keine (undichten) Backskistendeckel.

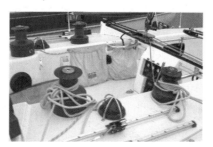

Doradelüfter mit Wasserfalle.

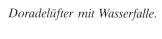

Doradelüfter mit Wasserfalle.

Lüftung

Serienboote haben selten eine ausreichende Durchlüftung für die Fahrt, weil Hafenbewohner nur segeln, wenn das auch mit offenen Luken möglich ist. Seeboote müssen eine auch bei Sturm an der Kreuz wirksame Lüftung haben, denn Mief unter Deck macht seekrank und müde. Seegerechte Lüfter lassen die Luft herein und halten das Wasser draußen, man muß sich nur überwinden, sie einzubauen oder einbauen zu lassen, was bei jeder Yacht möglich ist. Im WC und über der Pantry sind elektrische Saugventilatoren ratsam. Das Vorlogis nimmt man von der Durchlüftung aus, weil so weit vorne die Trennung von Luft und Wasser nicht gelingt. Bei schwerem Sturm wird man die Lüfter schließen müssen; am besten innen mit Schraubstopfen oder Schiebern, die man im Alarmkasten verwahrt. Sturmkappen für die Hutzen sind gut und schön, aber Wetter und Deck sind es nicht mehr, wenn es für sie Zeit wird.

Die Motorraumbelüftung sollte sich nach dem Rat des Motorfabrikanten richten. Benzinmotoren müssen einen elektrischen, explosionssicheren Saug-

lüfter mit Saugrüssel bis tief in die Bilge und Abluftöffnung wenigstens außerhalb des Plichtsülls haben, besser außenbords. Benzintanklüfter müssen ebenfalls außenbords führen und am Austritt ein Flammschutzgitter haben. Dieseltanklüfter kann man in die Plicht mit einem Schwanenhals über einem Lenzrohr führen.

Dichtmachen eines Doradelüfters mit einem Schraubdeckel von innen ist sicherer in schlechtem Wetter, als ihm außen die Kappe überzuziehen.

Dieseltankatmer (nicht für Benzin) in die Plicht geführt, damit kein Wasser in den Tank gelangt. (In Deutschland wird solche Installation abgelehnt, statt dessen Wasserabscheider installieren.)

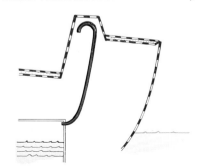

Winschen, Stopper, Taljen

Stopper (Klemmhebel) sind eine noch junge technische Idee in der Segelei, aber eine gute und bessere als Klemmklampen und Curryklemmen, aus denen Leinen unter großer Last oft nur mit Riesenkraft zu befreien waren. Stopperkonkurrent ist nur die altehrwürdige (und richtig belegte) Belegklampe, die noch etwas mehr als der Stopper kann: sachte und gebremst Lose dosieren. Aber Stopper sparen Winschen, weil sie die stehende Part vor der Winsch festhalten. Das kann die Klampe nicht. Stopper, die nur mit einem Werkzeug zu lösen sind, gehören zum Schrotthändler. Kaufen Sie bessere!

Taljen sind uralte Maschinen, aber keine überholten. Der Bullenstander, der von der Baumnock nach vorn geschoren beim raumem Wind dem Baum das Pendeln und auch eine jähe Patenthalse mit Mastschaden verbietet, wird immer noch mit einer Talje steifgesetzt. Taljen als Baumniederhalter sind Fortschrittlichen zu antik, aber die Hydraulik ist nur bequemer, wenn sie elektrisch angetrieben wird. Niederhalter mit Draht-Hebel-Technologie sind auch uralter Maschinenbau,

Fall- oder Schotstopper.

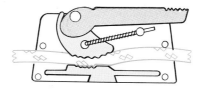

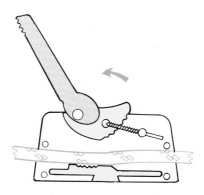

hier mit dem besten Wirkungsgrad von allen, leider aber für größere Yachten ein „Klapparatismus". Schnelle Kreuzer können auf Baumniederhalter nicht verzichten. Zwei, drei Flaschenzüge mit drei bis vier Scheiben von einem Flaschenzughändler an der Straße sind ein guter Inhalt im Notfallkasten der Yacht; etwa wenn der High-Tech-Achterstagspanner ausfällt.

Die Winschen sind heute mit geringen Wirkungsgraddifferenzen alle sehr gut bis exzellent, dank dem Regattasport. Als Fahrtenskipper hat man aber nicht die „Gorillas" von Maxis und Zwölfern und nimmt deshalb besser die nächstgrößere Nummer, damit auch Skippers Freunde und Freiwillige etwas Spaß am Segeln haben. Auch der um 40 % höhere Preis und das etwas größere Gewicht von Selbstholewinschen sind einen zweiten Gedanken

Gute Konstruktion eines Leinenstoppers, bei dem das Pall von der Leine so abhebt, daß auch unter Kraft stehende Leinen gelöst, aber auch bei niedergelegtem Hebel (mittels Winsch) geholt werden können. Weil der Stopper die Leine hält, ist die Winsch frei für eine andere.

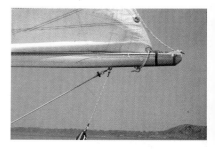

Baumniederhalter – meist eine einpickbare Talje.

Ein Hydraulikspanner sollte eine Reservetalje für den Pannenfall haben.

Die Primärwinsch ist fürs große Vorsegel, kann aber auch andere Rollen spielen.

wert für den Fall, daß 60 % der Crew den Törn doch nicht so schön findet wie der Skipper, weil ihnen dabei zu oft die Zunge vorm Halse hängt. Grundgesetz für schnelle Reisen in Harmonie: Vermeide unter allen Umständen „unterwinscht" zu sein!

Wer es eilig hat, wie ich, der muß sich zu Winschen mit drei Gängen entscheiden, denn die letzten zwei, drei Zentimeter Schot holen auch starke Bürger nur mit dem kleinsten Gang 1:3 − nach einer Atempause. Klartext: Die Kreuzeryacht braucht die nächstgrößere Nummer als die der Größe nach vergleichbare Rennyacht mit der handverlesenen Crew. Deren kleinere Winsch arbeitet schneller mit der Kraft dieser „Gorillas". Die Kraft untrainierter Bürger an solcher Winsch ist zu schwach. Die nächstgrößere Winsch kommt mit weniger Kraft aus, braucht aber länger.

Die solidesten und kräftigsten Winschen werden für die Vorsegel gebraucht − nach denselben Überlegungen wie geschildert. Jede an Deck verfügbare Winsch läßt sich auch für andere Aufgaben einsetzen: zum Ausbrechen eines Ankers, als Verholspill und zum Aufheißen eines Mannes in den Mast, wozu man das Fall über einen Klappfußblock zur Genuawinsch fährt − mit der geht es viel leichter als mit der Fallwinde. Allein der rollengelagerte Kurbelgriff dieser Winschen ist eine Wohltat.

Die Winschen für die Spinnakerschoten werden am besten nahe bei den Vorschotwinschen montiert, dann kann man sie zum Klarieren bei Bekneiftörns auf der Vorschotwinsch und bei einem Schotwechsel einsetzen. Das ist kaum möglich, wenn die Spi-Winschen auf anderem Niveau stehen, etwa auf dem Kajütdach. Wenn die Winden nicht richtig zur stehenden Part stehen, müssen sie unbarmherzig neu und richtig montiert werden. Die stehende Part muß in einem Winkel von 95...125 Grad zur Trommelachse anlaufen, sonst kommt es zu Bekneiftörns. Mit aller Kraft kann man nur kurbeln, wenn man über der Winde steht; jedenfalls bis zu einer Krängung von 25°. Der Kurbelkreis muß frei von allem anderen sein. Mißlich, wenn man statt der üblichen 250 mm Hebelarm mit einer 200 mm langen Kurbel auskommen muß.

Ohne Fußblöcke geht's oft nicht, aber lästig sind sie, weil sie öfters Leinen fangen. Das Deck beanspruchen sie auch sehr.

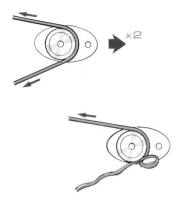

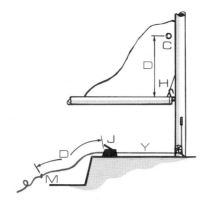

Genuaschoten sollte man nicht über Fußblöcke leiten; sie verdoppeln die Zugkräfte auf die Deckfittings. Kinken beim Loswerfen blockieren oft den Block unlösbar.

Die Montage der übrigen Winschen ist nicht so kritisch. Das können Winschen für Stag- und Besansegel, für alle möglichen Fallen einschließlich der für Vorsegel und Spi und Groß sein, die nicht so kräftig zu sein brauchen. Hier kommen die Klemmhebel zu ihrem Recht, wenn z. B. Spinnaker- und Genuafall eingesetzt sind; das eine Fall hält der Klemmer, das andere die Trommel.

Fußblöcke für die Vorschoten sollte man möglichst meiden. Sie sind sehr stark belastet und werden manchmal beim Loswerfen der Schot von einer Kinke blockiert, aber manchmal geht es nicht ohne sie für korrekte Schotführung. Oft sind am Mast eine oder zwei Winden montiert für das Großfall und eine kleinere für den Reffstander. Das ist arbeitstechnisch ungünstig, ein unnötig hoch liegendes Gewicht, das zudem den Mast schwächt. Die Reffkausch kann man bei gefiertem Fall in den Reffhaken hängen und das zur Fallwinsch bei der Plicht geführte Fall wieder durchsetzen.

Moderne Winschen sind aus verchromter Bronze, aus eloxiertem Leichtmetall oder aus Edelstahl. Bronze und LM kosten etwa dasselbe, Edelstahl ist teuer und nur wenig leichter als Bronze, LM ist ca. 30 % leichter. Leichtmetall braucht Pflege und funktioniert dann gut, ohne Pflege nicht. Bronze kann man fast vernachlässigen. Renncrews sieht man im Hafen dauernd Winden auseinandernehmen und salben, denn das schont auch die Muskeln und ist eine nette Abendbe-

Putzen Sie auf keinen Fall das Schmierfett weg, um „appetitlicher" zu ölen. Altes Fett abwaschen, neu fetten.

Vorsicht bei der Demontage, damit nichts über Bord fällt.

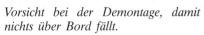

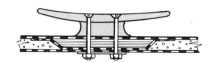

Pall (Sperrklinke) und Feder halten jede Knarre innerhalb einer Winsch. Versager ist meist ein vor Salz oder Dreck festsitzendes Pall, manchmal auch eine gebrochene Pallfeder.

An Befestigungsstellen auf Sandwichdecks muß der Kern herausgestemmt und durch solideres Material ersetzt werden.

schäftigung. Die Windenfabrikanten neigen, scheint's, zum Überfetten ihrer Maschinen, und das vermischt sich mit Salz und Hafenstaub. Man nimmt das Ding gemäß Gebrauchsanweisung auseinander und achtet darauf, daß keine Teilchen ins Wasser, Lenzrohr oder in die Bilge fallen. Beim Abheben des Kopfes die freie Hand unten gegenhalten, damit das Nadellager nicht über Bord fällt. Prüfe immer die Feder des Palls und andere Kleinteile auf Anfangsbrüche und Risse, denn

die wachsen weiter zum Restbruch. Moderne Winschen kann man auseinandernehmen, ohne den Sockel zu demontieren. (Sprühen Sie kein WD-40 oder ein ähnlich leichtes Öl ins Getriebe, wie der Verfasser empfiehlt; das ist dem Zahnflankendruck nicht gewachsen. D. Übers.) Schmieren Sie mit dem vom Windenhersteller empfohlenen Fett oder MoS$_2$-Fett.

Abspülen der Winschen mit Frischwasser ist nur äußerliche Schönheitspflege.

Leitschienen, Rutscher, Wagen

Leitschienen sind noch immer das beste Mittel zur rechten Einstellung des Holepunkts für die Vorsegel. Sie werden auch verwendet für den Innenstagsanker und, seltener, für Backstagstaljen. Wie alle Decksbeschläge müssen Leitschienen mit Durchsteckbolzen auf Deck befestigt werden. Sandwichdecks werden an diesen Stellen mit Glasharz statt des entfernten Kernmaterials ausgefüllt.

Sprühöle sind dem Zahnflankendruck im Winschgetriebe nicht gewachsen. Machen Sie das nicht nach.

Spannvorrichtungen für ein Babystag. Links Talje mit relativ langen Parten. Rechts Streckschiene mit Holetalje. Die freie Part beider wird zur Plicht geführt.

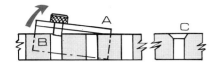

Wie ein Rutscher (A) mit Haltebolzen auf einer Schiene unter Last verkanten und den Halt verlieren kann (B). Der Holepunkt einer Genua kann so um etliche Dezimeter nach achtern rutschen. Dadurch verursachte Beschädigungen der Schiene (C) machen die Sache noch schlechter. Eine Lösung des Problems zeigt das Bild unten.

Die übliche Leitschiene hat abwechselnd ein Loch für Befestigungsbolzen und eins für den Federbolzen des Rutschers, für den die Löcher auch durchgebohrt sein müssen, sonst arbeitet er sich heraus. Rutscher kann man gewöhnlich nur verstellen, wenn sie nicht unter Last stehen; also Schot fieren, Rutscher bewegen, Schot holen – langweilig! Wenn der Federbolzen sich häufiger losmacht und der Rutscher nach achtern gleitet, sind Bolzen und Löcher verschlissen. Das passiert nicht, wenn man auf den Federbolzen verzichtet und den Rutscher vorn mit einer kleinen Talje fesselt, am anderen Ende genügt ein Gummistropp zur Ruhigstellung. Wird die Talje gefiert, zieht die Schot den Rutscher nach achtern. Eine Schiene parallel zur Schiffsachse auf jeder Seite genügt für alle Vorsegel. Beim „Kutterrigg" ist die

Eine gute Fußreling. An den Speigatten läßt sich auch allerlei anschäkeln.

Fockschiene vorn und wahrscheinlich auf dem Kajütdach, und wenn das eine gewisse Breite hat, wird die Hauptschiene dichtbei sein, um die Genua („Superklüver") am Wind gut nach innen schoten zu können. Auf Raumkurs, wenn das Schothorn weiter hinaus muß, kann eine zweite Schot bei der Reling gefahren werden, oder man riggt einen Schotbeiholer. Der Leitbalken für den Leitwagen der Großschot unterliegt großer Biegebeanspruchung, und das heute übliche X-Profil ist dafür nicht besonders günstig (zuviel Material nötig). Die Balkenenden brauchen kräftige Gummipuffer, falls der Leitwagen unkontrolliert übergehen sollte, wenn eine Stelltalje bricht. Nur mit solchen Taljen kann man den Wagen unter Last nach Luv holen. Sie empfehlen sich also.

Hier ist der Rutscher vorne durch einen Draht und hinten von einem Gummistropp gehalten.

Gute Verstellmöglichkeit für den Traveller der Großschot.

Handläufe sind unverzichtbar.

Durch Haltebügel sicheres Arbeiten am Mast.

Sonstige Decksausrüstung

Man braucht ringsum eine wenigstens 30 mm hohe Fußreling, an der die Gummistiefel Halt finden, wenn man in Lee nach vorne turnt; solche aus Aluminium mit vielen Löchern für den Wasserablauf sind ideal auch zur Befestigung von Leitblöcken und Relingsnetzen oder Reihleinen im Vorschiffbereich, damit weggenommene Vorsegel nicht über Bord gehen.

Decks müssen rutschfest sein, am besten Teakholz (schwer) oder Antirutschfarbe. Ins Glasharz eingeformte Antirutschmuster taugen nichts; übermale sie mit Rauhprimer und anschließend Antirutschfarbe. Auch gut ist 3M safetywalk, das es überall in der Welt gibt. Wundervolles Zeug!

Eine Reling von 61 cm Höhe mit einem zweiten Durchzug in halber Höhe ist IOR-Norm. Das reicht jungen Leuten von heute gerade bis zum Knie. 75 cm sind bessere Sicherheit, und auf Yachten mit mehr als 14 m Länge sollten es 100 cm sein. Abstand der Relingsstützen nicht mehr als 2 m, am besten Stahlrohr. Die Stützenfüße müssen mit Durchsteckbolzen auf Deck befestigt und kräftig mit mindestens 40 mm tiefer Aufnahmebohrung versehen sein. Die Durchzüge sollten etwas Durchhang haben; steifgesetzte bringen bei Belastung Kräfte bis zu Meganewton auf die Stützen. Die Reling darf keine geschlossene elektrische Schleife bilden. Bug und Heck haben gewöhnlich einen Korb aus Stahlrohr, der oft in der Mitte offen ist, um beim Festmachen senkrecht zur Pier besser an und von Bord gehen zu können. Diese Durchgänge sollten wenigstens durch feste Ketten mit Pelikanhaken gesichert sein, denn auf See sind solche Sicherheitslücken gefährlich.

Konventioneller Relingsfuß mit Verstärkung.

Merke: Die Reling eignet sich nicht zum Einpicken der Sicherungsleine.

An Deck sollte es keine Stelle geben, an der man nicht schnell nach einem Handlauf greifen kann; Teak ist am besten, aber der Decksabstand muß groß genug sein, sonst sind es Fingerbrecher. Auf dem Vordeck geben sie auch Fußhalt. Auf großen Yachten sind hüfthohe Stützbügel aus Edelstahlrohr beidseits des Mastes in etwa 0,5 m Abstand eine empfehlenswerte Sicherheitseinrichtung und Arbeitserleichterung.

Riggs für schnelle Kreuzer

Am Rigg einer jeden Yacht läßt sich leicht erkennen, ob sie ein langsamer Kreuzer, eine Rennyacht, ein Oldtimer oder eine Spezialität für unterbemanntes Segeln ist. Für schnelle Reisen sind hauptsächlich drei Anforderungen an Spieren und Segel zu stellen: 1. Leistung auf allen Kursen zum Wind; 2. angenehme, wenn auch nicht immer leichte Bedienbarkeit und 3. leicht zu warten und Zuverlässigkeit auf See. Wenn das Rigg dem nicht entspricht, ist es kaum für eine schnelle Kreuzeryacht tauglich.

Leistung ist ein offensichtlicher Bedarf, aber tatsächlich setzt der Rumpf der Geschwindigkeit eine nicht überschreitbare Grenze. Mehr Segel und wirkungsvollere Segel können daran gar nichts ändern. Andererseits steckt bei leichten bis mäßigen Winden ja noch allerhand drin, wenn nur das Rigg den nötigen Antrieb dabei liefern kann. Bei diesem Wetter voranzukommen ist so wichtig. Eine in der Wasserlinie 9,15 m lange Yacht mit ei-

ner theoretisch möglichen Fahrt von 7,7 kn mag hoch am Wind 3,5 kn Fahrt erreichen. Mit einem effizienteren Rigg könnte sie, sagen wir, 4,5 kn laufen. Für eine Passage von hundert Meilen bedeutet das, 5 h 03 min früher im Hafen zu sein. In Tidengewässern könnte sie helfenden Strom erwischen und sogar zehn oder elf Stunden früher ankommen.

Am Wind zeigt sich die Leistung des Riggs am deutlichsten, und sie ist für die Yacht ein wesentlicher Bestandteil. Nimmt man an, daß der Wind während einer Reise oder Saison aus jeder Richtung zu gleichen Zeitanteilen

Ein Viertel ihrer Zeit segelt eine Yacht am Wind. Dies wird unter der Annahme gezeigt, daß der Wind im Laufe der Zeit aus allen Richtungen auf gleiche Zeitanteile kommt und der Winkel an der Kreuz (2 x) 45° beträgt, aber auch 12° mehr noch als am Wind gelten.

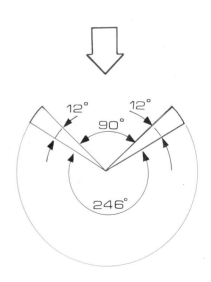

Bei 45° am wahren Wind läuft die Yacht 4,5 kn, und der scheinbare Wind fegt mit 15 kn über Deck. Platt vorm Wind läuft die Yacht 6 kn, und an Deck spürt man nur einen flauen scheinbaren Wind von 5,5 kn. Geht's am Wind also schneller? Nicht im geringsten. Der scheinbare Wind trügt; in den 15 kn sind 4,5 kn Fahrtwind von vorn und bremsen, 8,49 kn treiben voran und 8,49 kn krängen und versetzen. Dies sind die beiden Komponenten des wahren Windes von 12 kn.

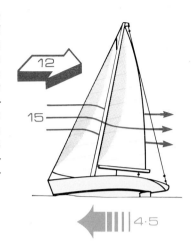

weht, dann segelt eine Yacht ein Viertel des Törns am Wind. Ein günstiger Wind während der Reise ist kein „Problem"; früher oder später kommt man ans Ziel. Aber hoch am Wind zählt jeder Meter, den man nach Luv gewinnt. Damit soll gesagt werden, daß exotische Raumwindriggs ihre Meriten haben mögen, aber für eine Kreuzeryacht unsinnig sind. Sie braucht so was nicht. Im Gegenteil, das bedeutete bei frischem Wind nur einen haarigen Ritt mit schwierigem Steuern und, offen gesagt, einem bedrückenden und ermüdenden Gefühl der Unsicherheit. Die Rollerei bei zuviel Tuch vorm Wind können wir uns sparen. Zwar könnte man, um das zu dämpfen, die Spinnakerschot vorlicher nehmen, aber sollte das nötig werden, nimmt man den Spi besser weg und baumt die Genua statt dessen aus.

Oft wird der Flossenkiel für die spektakulären Eulenfänge, die Rennyachten dem staunenden Publikum vorführen, verantwortlich gemacht. Da mag was dran sein, aber wahrscheinlicher liegt es an dem riesigen Spinnaker an

einem hohen Mast (womit der Konstrukteur nicht gerechnet hat). Trotz all dieser Warnungen muß man vor dem Wind Segelfläche ausbreiten können, um ihm eine große Staufläche in den Weg zu stellen. Davon später.

Am Wind aber muß Effektivität gezeigt werden. Sie ist eine Kombination von 1. gutem Steuern oder einer guten Selbststeueranlage; 2. Gewicht auf der Luvseite der Yacht – Freiwache in die Luvkojen; 3. Anpassung des Riggs an Wind und Seegang – Fallspannung und Reff; 4. gut stehenden Segeln; 5. gut stehendem Rigg; 6. gut geschnittener Segel, keine alten Beutel; 7. keinem unnötigen Luftwiderstand und 8. Steifigkeit, das heißt, die Fähigkeit des Schiffes, dem Wind ohne viel Krängung die Segelfläche zu bieten (was nicht dasselbe ist wie Stabilität), abhängig von Spantform, wenig Topplast, geringer Ballastmasse, aber hohem Ballastanteil, die zusammen einen tiefen Gesamtschwerpunkt ergeben.

Angenehme Bedienbarkeit ist eine selbstverständliche Forderung, denn die Beschäftigung mit dem Rigg ist

nach dem Steuern der wichtigste Zeitvertreib und sollte gut bedacht werden. Auf Rennyachten muß alles schnell gehen, nicht bequem, aber da sind ja auch Leute genug. Die schnelle Kreuzeryacht braucht ein unkompliziertes, aber leicht anpaßbares Rigg. In den Anzeigen für Serienboote liegt die Hauptbetonung, was das Rigg betrifft, auf „leicht zu bedienen". Die Werbetexter scheinen zu glauben, daß es dies ist, was die Fahrtensegler am meisten wünschen. Man denkt sofort an walkende Genuas einerseits und eine Anzahl kleiner Segel statt großer, schwer beherrschbarer andererseits. Da gibt's Boote ohne Vorsegel, selbstwendende Vorsegel, Boote ohne Großsegel („Lunarigg"), Boote mit Kurzmasten und Dschunkensegeln. Nun, nichts von all dem segelt schneller, alles zielt nur auf bequeme Bedienung, so als sei sie unvereinbar mit Geschwindigkeit. Doch ausgehend vom ursprünglichen Segelplan gibt es zahlreiche kleine Tricks, wie man Spieren und Segel effektiver handhaben kann. Einige werden wir bald kennenlernen.

Hochwirksames Rennrigg mit großer Segelstreckung, das heißt, schmal und hoch.

Eine Wartung ist unabdingbar, denn im Rigg gibt es Stellen, die nur schwer erreichbar sind. Wenn da was schiefgeht, ist die Reparatur (hoch oben) unerfreulich und nicht ungefährlich. Ein Rigg „wimmelt" von Splinten, Bolzen und Metallen, die mit der Zeit ermüden und brechen. Je einfacher hoch oben konstruiert worden ist, um so geringer ist die Wahrscheinlichkeit von Pannen. An und unter Deck kann man sich oft vorübergehend behelfen, oben im Rigg ist's nicht so einfach.

Nur die Ruderanlage ist in ihrer Verletzlichkeit und Wichtigkeit für die Sicherheit mit dem Rigg vergleichbar. Zwei Obmänner rivalisierender Jollenklassen diskutierten einmal, und der eine bemerkte, in der letzten Saison habe einer in seiner Klasse den Mast abgesegelt. „Dann sind eure Masten zu schwer", sagte der andere. Das beleuchtet die Verlegenheit: Wie bruchsicher muß denn ein Mast nun genau sein? Beim Whitbread-Rennen um die Welt 1981/82 hat es einige Mastbrüche und Rigghavarien gegeben, aber Menschen kamen nicht zu Schaden. Danach sieht es so aus, als könne sich ein

schneller Kreuzer ein Rigg von der haltbaren Sorte aus dieser Rennyachtflotte erlauben.

Es scheint, daß schlechte Konstruktion eher als Abmagerung der Dimensionen die Ursache für die Versager gewesen ist. (Da mag man fragen, was denn da der Unterschied sein soll.) Oh, man kann auch etwas dicker bauen als der Sieger im Rennen und trotzdem schlecht konstruieren. (Zugegeben.) Und wer mag behaupten, daß nicht etwas davon auf jedem Boot zu finden ist?

Wenigstens können die Riggs zu neunzig Prozent durch genaues Hinsehen kontrolliert werden. Geschamfiltes Material ist sichtbar, zerschlissene, nicht mehr drehbare Fallrollen ebenso, und sie sollten oben im Mast auswechselbar sein (Erfinder ans Werk!). Auch Ermüdungsbrüche sind erkennbar lange bevor es bricht, denn sie fangen an Kerben und immer an den Oberflächen mit feinen Rissen oder stumpfer werdendem Glanz an. Nach einer rauhen Reise sollte eine Fahrt nach oben im Bootsmannstuhl zur Gewohnheit werden.

„Drahtverhau" mit Backstagen zeigen diese Rennyachten.

Mast mit einer Oberwantenspreize (Saling).

men. Gegen die Rückbesinnung auf das Dreiviertelrigg ist nichts einzuwenden. Ein Paar Backstagen ist genug, auch wenn einige Rennyachten mehr haben.

Den Designern ist vielleicht nicht klar, daß viele Riggs von älteren Regattamoden oder alten Ausgleichregeln abstammen. Die toppgetakelte Slup führte sich in den 50er Jahren unter den Regeln von CCA und RORC ein. Die mit einer Saling toppgetakelte Slup (oder auch Ketsch) scheint wegen ihrer Einfachheit attraktiv zu sein, aber das täuscht. Für das große Vorse-

Die üblichen Riggs

Nun, die meisten sind Ableitungen aus der Rennszene oder nach neuester Mode. Die Extreme waren anfangs der 80er hohe Großsegel an recht dünnen Masten mit mehreren Salingen und einem Sortiment von Backstagen, möglichst konform dem Diktat der gerade geltenden Vermessungsregel und dem Glauben der Konstrukteure in Sachen Statik. Was daran für schnelle Fahrtensegelei brauchbar ist, kann man nur an den Meriten abschätzen, die solche Riggs errungen haben. Und in denen steckt der meist unbekannte Faktor Crew. Der spielt eine untergeordnete Rolle für eine Fahrtenyacht, bei der „berechnete Zeit" ohne Belang ist.

Es ist für einen schnellen Fahrtenkreuzer sicher richtig, sich praktisch an die Vorbilder der Rennsegelei zu halten, alles aber etwas fester zu dimensionieren, auch zwei Salinge zu übernehmen.

geldreieck ist eine Garderobe mehrerer, teils sehr unhandlich großer Segel mit dazu passenden großen Winschen nötig, und die Wantenspreize müßte dieselbe Breite wie das Boot beim Mast haben, womit das Einschoten einer Genua schwierig ist. Vorteil der Topptakelung: Auf Backstagen kann verzichtet werden. Die Masthöhe bestimmt bei der Slup die Größe des Großsegels und des Vorsegeldreiecks. Mehr als ein Paar Unterwanten und ein Oberwant erlauben es − in Grenzen − einen dünneren, aerodynamisch günstigeren Mast zu fahren. Weil die Zwischenwanten aber in der Querebene des Mastes liegen und der Mast im obersten Teil keine Abstagung in der Längsschiffebene hat, sind Backstagen ratsam. Bei Yachten bis 11 m Länge genügt ein ausreichend

Mast mit Doppelsaling.

Ohne überstehendes Rigg (Baum und Bugspriet) läßt sich mehr Segelfläche nur mit höherem Mast erreichen, was die aerodynamische Qualität verbessert, das Segeln aber unbequemer macht.

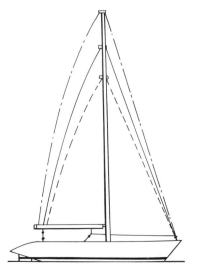

berechneter Mastquerschnitt. Der Autor hat mit solch einem System in den letzten Jahren 10000 Meilen ohne Pannen gesegelt. Während einer langen Passage über offene See hatte er leichte Backstagen gerigt, brauchte sie aber nicht; sein Boot ist 10,3 m lang. Auf größeren Yachten hat er sie eingesetzt, wenn der Seegang den Mast zum „Pumpen" anregte. Das kann man abstellen, wenn man den Mast in eine Biegung zwingt.

Hat der Mast Platz für drei Salinge oder gar vier, dann sind Backstagen unumgänglich; sie können zwar zur selben Talje führen, aber es ist beim Wenden und Halsen eine alerte Crew dafür nötig. Zudem sind eine Menge dünner und leichter Beschläge in diese Sache verwickelt, und dies ist ganz gewiß eine für schnelle Reiseschiffe nicht wünschenswerte Technik.

Rennyacht mit drei Salingen.

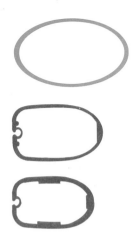

Elliptische Mastquerschnitte kommen aus der Mode. Kreuzungen von Oval und Kastenform lassen sich in der Längsebene besser biegen. Innenversteifungen fallen bei der Optimierungsrechnung durch.

halb des Profils Aussteifungen zur Erhöhung des Widerstandsmoments in der Längsschiffsebene.

Masthersteller beschreiben die Festigkeit ihrer Masten oft mit Angabe des Trägheitsmomentes des Querschnittes. Das ist die Materialfläche mal dem Quadrat ihrer Entfernung von einer neutralen Achse. Eine dicke Wandung in kleiner Entfernung von der Mastmittellinie kann dieselbe Biegefestigkeit haben wie eine dünne Wandung in größerem Abstand, aber Luftwiderstand und Gewicht sind sehr unterschiedlich. Weil Masten nie kreisrund sind, haben sie gegen die Querschiffsachse X ein größeres Trägheits- und Widerstandsmoment als gegen die Längsschiffsachse Y.

Wieviel Durchbiegung? Bei leichtem Wind und glatter See am Wind sind

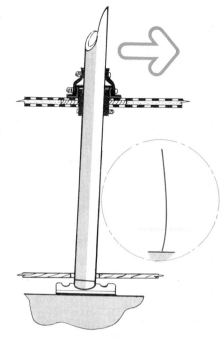

Mastbiegung

Wie so vieles an Konstruktion und Technik in der Segelei, ist die Vorherrschaft des gebogenen Mastes eine Rennwertfolge − das Großsegel bekommt dadurch etwas unvermessene Fläche. Eine Regeländerung machte diesen Gewinn rückgängig, aber die Rundung des Mastes blieb erhalten, weil sie nicht schwer zu beherrschen ist und die Aerodynamik verbessern kann, wenn hoch an einem starken Wind gesegelt wird; die Segelwölbung wird dadurch flacher. Ein gerader Mast macht das Großsegel voller.

Masten dieser Art haben einen kleinen elliptischen Querschnitt mit dicker Wandung. Der ist nicht leichter als der mehr oder minder stromlinienförmige Mast mit großem Querschnitt und dünner Wandung, aber aerodynamisch besser. Gelegentlich sind inner-

Trägheits- und daraus abgeleitetes Widerstandsmoment gegen Biegung kennzeichnen die Festigkeit und Biegbarkeit eines Mastprofils innerhalb der Elastizitätsgrenze. Bei diesem Querschnitt 155 mm/105 mm, Wand 3,5 mm, sind die Trägheitsmomente $I_x = 385$ cm^4 und $I_y = 179$ cm^4.

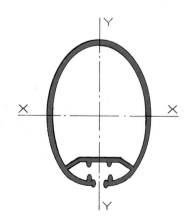

Unter Deck ist der Mast leicht nach vorn (Pfeilrichtung) geneigt, was sich oberhalb der Einspannstelle (Hartgummikeile) im Decksloch mit mehr oder minder deutlicher Durchbiegung nach vorn fortsetzt.

100 mm für einen toppgetakelten Mast von 13...14 m Höhe über Deck richtig. Er sollte vom Kiel bis zum Mastloch leichten vorlichen Fall haben; Achterstag steif; Babystag zur Unterstützung leicht angeholt, nicht hart, weil das zuviel Druckkraft in den Mast bringt. Dasselbe gilt für das Backstag. Bei stärkerem Wind holt man das Achterstag noch steifer bis zu einer Biegegrenze von 160 mm bei dieser Größe. Unter dieser Spannung wird der Mast kaum pumpen und sein Material ermüden. Gerade gelassen wird er vermutlich wedeln.

Kutterrigg

Vor vielen Jahren wurden Einmaster mit zwei Vorstagen und Vorsegeln getakelt, dem Klüverstag und dem Fockstag. Sie waren der Slup überlegen, weil das Vorliek der kleineren Segel nicht so durchhing − die Drähte hatten mehr Reck als heutiges Edelstahlmaterial, an dem ein einziges großes Segel gut steht. Kommt man aber zu Genuaflächen von 46,5 m², dann takelt man besser um auf Kutter, was handiger und für schnelle Reisen gut geeignet ist. Die Mastkonstruktion dazu liegt fest: zwei Salinge und Backstagen zum Abfangen des Zugs des (inneren) Fockstags.

7/8-Rigg

Diese moderne Takelung ist schon etwas älter. Vor 1950 wurden Genua und Spinnaker selten höher als 7/8 Mastlänge geheißt. In den 70ern erschienen auf Regatten dann toppgetakelte Slups mit der Vorfallrolle in 3/4 oder 5/6 usw. Masthöhe. Der moderne Mast ist sehr biegsam und stark verjüngt. So kann man ihn, wie beispielsweise bei den Star-Booten schon im-

mer, extrem biegen und benutzt die Star-Technik auch in Hochseeregatten. Das relativ große Großsegel wird in starkem Wind mittels Mastbiegung abgeflacht. In Böen gibt der Masttopp nach und lockert das Achterliek exakt wie es gewünscht ist, und spannt es wieder, wenn die Bö vorüber ist. Das kleinere Vorsegel ist dabei auch von Vorteil, weil es handiger ist und mit kleineren Winschen auskommt als ein bis zum Topp gesetztes Vorsegel.

Zwar ist der Mast etwas dürftig abgestagt. Das Achterstag am dünnen Obermast hat wenig Kraft. Die Backstagen müssen mit einer Präzision geholt werden, die beim Topprigg nicht nötig ist. Das ist bei Wenden und Halsen und bei gewissen Seebedingungen so kritisch, daß es sich für schnelle

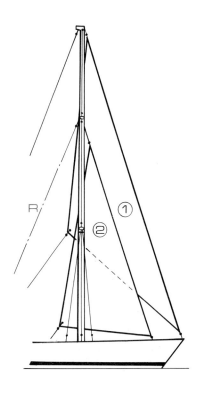

Kutteryachtrigg mit Klüver- (1) und Fockstag (2). Die Backstagen (R) spannen das Fockstag.

Ein handiges 7/8-Rigg.

Kreuzer nicht eignet. Aber das kleine Vorsegel mit einem gut regulierbaren Großsegel ist unwiderlegbar ein attraktives Konzept für schnelles Segeln.

Gepfeilte Salinge

Es gibt eine Lösung des Problems mit den Backstagen, aber wie bei allem im Yachtentwurf ist sie nicht ohne Nachteile. Der Trick liegt darin, die Salinge nach achtern zu pfeilen, etwa um 27 Grad. Dem Vorstagzug wirken nun die so nach hinten abgewinkelten Wanten entgegen, und Backstagen erübrigen sich. Die Zugrichtung der sehr schräg verlaufenden Hauptwanten ist jedoch für die Vorstagspannung

ungünstiger als bei einem Backstag: mit dem Ergebnis, daß das Vorstag auf Am-Wind-Kursen durchhängt, was sehr nachteilig für gute Geschwindigkeit ist. Um dennoch das Vorstag einigermaßen zu spannen, müssen die Wanten extrem dichtgesetzt werden, was ein derartiges Rigg für Yachten mit mehr als 11,3 m Länge über alles ungeeignet macht. Ein weiteres Problem ergibt sich auf Vorm-Wind-Kurs, da dann die im Deck zurückgesetzten Wanten das völlige Auffieren des Baumes behindern und das Segel dauernd an Wand und Saling schamfilt.

Eine Abart dieser Verstagungsform ist das (patentierte) Rigg von Bergstrom und Ridder, das es mittlerweile schon mehrere Jahre gibt und auf einigen Serienbooten zu finden ist, besonders in den USA. Der toppgetakelte Mast hat zwei kurze zurückgepfeilte Salingpaare mit dazwischenliegenden Diagonalspannungen. Diese verhindern eine Biegung des Mastes in Längs- und Querschiffsrichtung, wodurch sich der Zug im Vorstag durch die Genua direkt auf das Achterstag überträgt. Zum Mastlegen brauchen diese Diagonalwanten nicht gelöst zu werden.

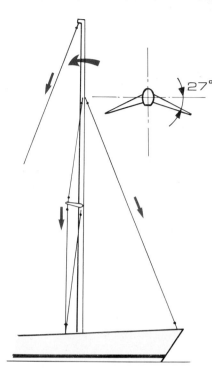

Gepfeilte Salinge können Backstagen nicht ersetzen. Sie beeinträchtigen das Großsegelprofil vor dem Wind.

Gepfeilte Salinge drücken sich bei Raumwind ins Tuch, ebenso das Oberwant.

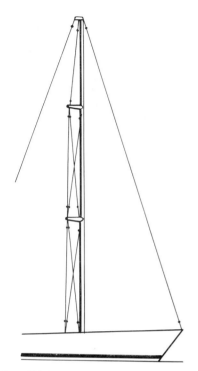

Das Rigg von Bergstrom/Ridder hat eine gepfeilte Doppelsaling und zeichnet sich durch besonders großen Luftwiderstand aus (fast ein Gittermast).

Der Windwiderstand des Bergstrom-Ridder-Riggs ist erheblich; die ganzen resultierenden Knickkräfte erfordern ein kräftiges Mastprofil; dazu kommt eine große Anzahl von Verbindungen, die zuverlässige Terminals und Beschläge verlangen.

Zweimaster

Gleich ob Ketsch, Yawl oder Schoner, der zweite Mast vermehrt die Zahl der Stagen, Beschläge und Winschen nebst der zugehörigen Wartungs- und Kontrollarbeit. Zwar wird die Segelfläche in handigere Portionen aufge-teilt, aber davon wird ihr Wirkungsgrad nicht besser, sondern schlechter. Selbst bei den größten Rennyachten gilt dem Einmaster der Vorzug – im Round the World von 1977/78 waren acht von zwölf Teilnehmern Zweimaster, aber 1981/82 waren es nur noch vier von zwanzig.

Yawls werden kaum noch gebaut, weil das Achterschiff kurz und die Verstagung problematisch ist. Damit führt ein Besanmast per definitionem zu einer Ketsch. Bei Schiffslängen von 15 m und mehr mag sich die Aufteilung der Segelfläche wegen der Bequemlichkeit lohnen. Am Wind aber macht das Besansegel kaum seinen Luftwiderstand wett, und bei einer kleineren Ketsch ist es kaum sein Geld wert. Bei halbem Wind spielt es mit, wenn der Wind aber weiter raumt, fängt es an, das Großsegel abzudecken. Viel Segelfläche ist nicht gleich viel Kraft, weil es ein Zuviel gibt mit zuviel Luftwiderstand. Das Besansegel sieht man meist aufge-tucht. Wenn die Froudezahl 0,4 erreicht ist (2,43 wenn man mit Knoten und ohne $g^{0,5}$ rechnet), dann wirkt jeder zusätzliche halbe Quadratmeter Tuch als Bremse. Das gilt auch für Schoner – so herrlich Gaffelschoner mit Gaffeltoppsegel auch aussehen. Sie werden gerne zum Schleifen von Kadetten gesegelt, doch wir reden von schnellen Kreuzern.

Besansegel bleiben gewöhnlich aufge-tucht.

Segelwahl

Vorsegelprobleme

Die Vorsegelprobleme beim Fahrtenschiff sind am größten bei der Topptakelung und ein wenig leichter beim 7/8-Rigg. Die Schwierigkeiten sind Arbeit auf dem Vordeck zum Segelwechsel, was a) unbequem, anstrengend und in schlechtem Wetter sogar gefährlich ist und b) dazu verleitet, mit dem Wechsel zu lange zu warten.

Dem kann man mit folgenden Methoden abhelfen: 1. Sorgfältige Auswahl des Stells oder 2. Wahl einer guten Rollfockeinrichtung oder 3. Verzicht auf Vorsegel wie bei Freedom, Gallant oder Luna.

Das Segelstell wird einem nach dem Vorbild Rennyacht gerne zu umfangreich von Segelmachern, Konstrukteuren oder Bootshändlern aufgeschwatzt; es sei schwierig, die Zahl zu mindern, weil das eine Lücke lasse.

Segelsäcke lassen sich bequem in Plichtbackskisten stauen, aber dabei gibt es mögliche Gefahren.

Indes genügt für eine schnelle Kreuzeryacht folgendes Stell:
Nr. 1: Große Genua mit 1,5 Überlappung, Leichtwettertuch.
Nr. 2: Kleine Genua, flach geschnitten, schweres Tuch.
Nr. 3: Arbeitsfock ohne jede Überlappung.
Nr. 4: Sturmfock für Wind von mehr als 45 kn Geschwindigkeit (Stärke 9).
Fürs Fahrtensegeln nutzlose und selbst in Rennen dubiose Segel sind Blooper und unter ihm gesetzter Bigboy. Vorm Wind ist ein Spinnaker und/oder Kreuzerspinnaker (s. weiter unten) von großem Nutzen. Die Flächen der Vorsegel staffeln sich zweckmäßig nach einfacher arithmetischer Reihe, z. B. große Genua 39 m², kleine Genua 28 m², Fock 17 m² und Sturmfock 6 m²; pro Schritt 11 m². Beim 7/8-Rigg ist die Sturmfock gleich groß, aber die große Genua selbstverständlich kleiner – da kann man bei gleicher Segelzahl die Unterschiede etwas weniger grob machen oder noch ein Segel mehr schneidern lassen. Die IOR erlaubt für 10 m Länge über alles sieben Vorsegel; für einen Rennwert von 9,14 m, was etwa 12,2 m Lüa entspricht, dürfen es gar neun sein, ehe von Spinnakern die Rede ist. Das kostet Stauraum.

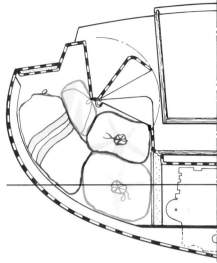

Vorsegelwechsel und Stauraum

Hat man mal das Stell von vier Vorsegeln (oder was sonst man für nötig hält), dann scheint die Wechselei eine überschaubare Aufgabe zu sein. Auf Fahrt ist ein Wechsel bei nacktem Vorstag am besten, denn man muß einen Kreuzschlag ja nicht so hartnäckig verfolgen wie im Rennen. Das heißt, das neue Segel wird erst gesetzt, nachdem das alte weggenommen worden ist, außer bei Doppelvorstag oder Dop-

An zwei Stagen ständig angeschlagene Vorsegel auf Deck.

pelkeep. Da wird das alte erst weggenommen, wenn das neue steht. Wenn man abfällt, macht der Wechsel weniger Arbeit auf dem Vordeck. Wird das Segel in der Keep eines Vorstagprofils gefahren, zieht man es aus der Keep nach unten heraus und lascht es an Deck oder Reling. Dann fädelt man das Liek des anderen Segels in die Keep ein.

Werden die Segel mit Stagreitern angeschlagen, kann man je nach Umständen und Wetter das größere, niedergeholte Segel angeschlagen lassen und an der Reling zurren und ein kleineres darüber anschlagen und setzen. Für eine kräftige und geschickte Crew macht das wohl weniger Probleme, als man mit einem Rollreff erleben kann, und das Segel ist perfekt in Form und Größe für die Windgeschwindigkeit.

Reden wir vom Stauraum, der Segellast. Mit der beschränkten Segelzahl sollte das kein großes Problem sein. Manchmal sind die Backskisten als Segellast vorgesehen, die dann sehr groß sind und in die Bilge lenzen, und das ist eine potentielle Gefahr. Der andere Ort ist das Vorlogis, in dem nasse Segel vom Salon getrennt sind und bei leichtem bis mittlerem Wetter durchs Vorluk an und von Deck gebracht werden. Ist eine Segellast achtern schon ungünstig, so ist sie es vorne auch, außer das Boot hätte eine unangenehm kurze Stampfperiode. Allgemein gilt: Buglastigkeit ist schädlicher als Hecklastigkeit. Segel im Salon? Bei schlechtem Wetter ist das so verkehrt nicht; man kann darüber wegsteigen und fällt weich, wenn man fällt. Man hat sie auch schnell bei der Hand. Sturmfock und Trysegel sollten einen besonderen Platz haben, der in der Stauliste aufgeführt ist (Kapitel 7). Ein Tip zu weiterer Reduzierung des Segelstells ist die Einrichtung der Genua Nr. 2 für ein Blitz- oder Jiffyreff.

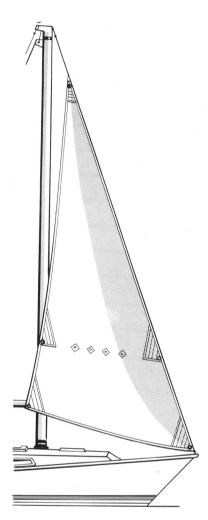

Reffbare Genua zur Minderung der Vorsegelzahl mit Verstärkungen an Vor- und Achterliek. Sie übernehmen die Last beim Reff.

Vorsegel mit Rollreff

Kurz: Rollfock − eine jetzt weitverbreitete Einrichtung. Sie muß also vielen als *die* Lösung der Probleme mit dem Segelwechsel erscheinen. Es hat derlei schon vor mehr als hundert Jahren gegeben, wenn auch nicht so perfekt. Auf Rennyachten sieht man so gut wie keine Rollfock, was den Verdacht nahelegt, sie könnte doch nicht so patent sein. Nur unterbemannte Renner haben welche; bei denen wäre der Zeitverlust beim Segelwechsel größer als der durch ein nicht ganz perfektes Vorsegel. Bei Einhand-Transats und Einhand-um-die-Welt haben sich gute und teure Rollfocks bewährt, aber es gibt auch traurige Technik auf diesem Gebiet, wie sich bei solchen Unternehmungen herausstellte. Bezüglich Handigkeit werden Fahrtensegler auf üblichen Serienkreuzern nicht sehr verwöhnt. Oft nimmt die gerollte Fock Knackwurstgestalt an, das Gegenteil vom erwünscht straffen Zigarillowickel. Der Kokurrenzkampf unter den Herstellern hat aber schon viel zur technischen Verbesserung beigetragen. Die zahlreichen Modelle am Markt lassen sich in folgende Arbeitsweisen einordnen: Aufrollen auf dem Vorliekdraht, eine grobe Frühzeittechnologie, bei der die Spannung gemindert werden muß, sobald das Segel sich aufzurollen beginnt. Der Segelstand ist deprimierend. Das Vorstag bleibt wenigstens frei für bessere Segel. Beim Niederholen einer solchen Rollfock kann sie über Bord geweht werden.

Bei der besten Rollvorrichtung wird das Segel auf dem Profilstag mit Keep aufgewickelt, was möglich ist, weil der Segelkopf an einem Rollenlager befestigt ist, das seinerseits am Fall hängt und das Vorstag umschließt, so daß es auf diesem auf und ab fahren kann.

Nicht ganz sauber aufgerollte Fock.

Das Stag wird von einer Seiltrommel gedreht, von der entweder zwei Parten zur Plicht führen (Endlosseil), oder Zug an der Trommelleine wickelt die Fock auf und Zug an der Vorschot wickelt das Segel ab und die Trommelleine auf. Die Endloskonstruktion ist nicht ganz pannensicher.

Der Begriff „beste" bezieht sich hier nur auf das Prinzip. Bei den Fabrikaten mag es Unterschiede geben, zumal alle Hersteller an Verbesserungen tüfteln. Stahllager müssen ständig gewartet werden, weil sie sonst rosten. Nylon- oder Delrinlager brauchen nur einen gelegentlichen Ölspray. Bei der Hood-Vorrichtung beginnt das Stag eher zu drehen als die Rollager an Kopf und Hals des Segels, was die Segelmitte zuerst abflachen und den unerwünschten Bauchwickel vermeiden

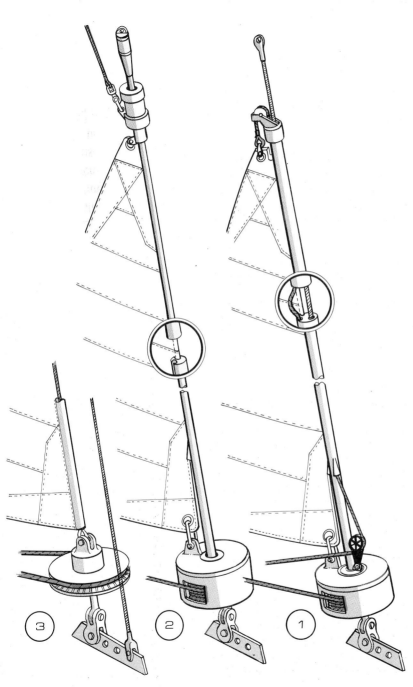

Rollfockvariationen. 1. Profil mit eingeschorenem Fockfall, drehbar um normales Vorstag. 2. Fockfall am oberen Rollkopf des Profils angeschlagen. 3. Vom Stag unabhängige, um eigenes Vorliek aufwickelbare Fock mit Endlosleine für die Trommel; für Tallboy und kleine Boote.

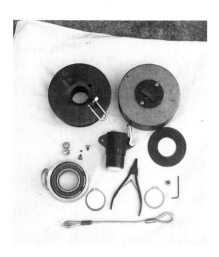

Bausatz zur Verwandlung eines Profilstags in ein Rollstag.

Andere Takelungen

Ohne Vorsegel zu segeln ist eine Alternative, zu der unverstagte Masten und Segel neuen Zuschnitts und neuer Einstellmethoden gehören. Dann und wann wird was Neues erfunden. Sie sind vergnüglich und werden gewiß für handig gehalten, aber sind sie auch schnell? Der Haupteinwand ist, daß sie untertakelt sein könnten, daß sie vorm Wind nicht genug Segelfläche entfalten können. Im Round Britain 1982 segelten zwei Freedoms mit. Eine davon verfügte über einige Reacher und Spinnaker und Zwischenmastsegel und kam nach 1800 sm einige Tage früher als ihr Schwesterschiff an. Also brauchte die Freedom einige Vorsegel und Stauraum dafür, um schnell zu sein.

Das Freedom-Rigg von Gary Hoyt hat Masten aus glas- und kohlefaserverstärktem Kunststoff, die in einer Tasche im vorderen Segelteil stecken. Das Schothorn wird von einem Spreizbaum gehalten. Anfangs baute Hoyt Schoner, jetzt auch eine Art Katrigg. Die Segel werden vom Cockpit aus mit größtmöglicher Leichtigkeit bedient. Die Freedom 39 hat ein einziges Faltsegel mit durchgehenden Latten, das in der Mastkeep gefahren wird. Faulenzer, die gleichzeitig als Dirk dienen, erleichtern Reffen und Auftuchen. Eine Art Spinnaker, der

soll. Das klappt nicht, wenn das Segel nicht richtig geschnitten ist. Wenn das Vorsegel beträchtlich kürzer als das Vorstag ist, muß ein Drahtstropp zwischen Kopf und Roller gesetzt werden, damit der Roller nahe an die Fallscheibe kommt, sonst könnte sich das Fall ums Vorstag törnen. Die Trommelleine muß immer gespannt sein.

Viele der Profilstagen werden auf Rennyachten gefahren und können mit Bausätzen zum Rollstag verwandelt werden. So kann man die Rollfock niederholen und ein anderes Segel in die Keep setzen, wahrscheinlich aber getrennt von der Rollvorrichtung, weil es sich um ein Leichtwettersegel handeln wird, das sich nicht ordentlich rollen läßt, oder um die Sturmfock.

Die Einrollgenua sollte besonders geschnitten sein, grundsätzlich mit schwererem Tuch im Achterteil und mit Verstärkungen am Achter- und Unterliek. Wenn das Segel dann teilweise eingerollt, auf die Größe einer kleinen Genua gerefft ist, besteht der noch stehende Teil aus schwerem, flachem Tuch, und die Verstärkungen liegen nahe beim neuen Kopf und Hals.

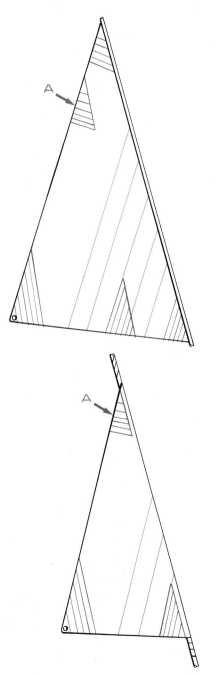

Es ist schwierig, Vorsegel bei zunehmendem Wind glatt aufzurollen. Segelmacher versuchen dem mit Bahnen aus stärkerem Tuch (C) und Verstärkungen (A) an passenden Stellen abzuhelfen.

an einem mittig am Bugkorb gehaltenen Querbaum gefahren und von der Plicht aus bedient wird, ist ein fast narrensicheres Vormwindsegel. Neuerdings werden die Segel auch an normalen Bäumen gefahren. Eine Dreimast-Spreizbaum-Freedom 70 schaffte die Atlantikpassage von Newport nach SW-England in 13 und einem halben Tag.

Das Gallant-Rigg ist typisch für den von Zeit zu Zeit auftauchenden Versuch, etwas Ähnliches zu machen wie das Freedom-Rigg. Profilierte Spreizlatten im Segel bilden mit dem Segeltuch einen symmetrischen Tragflügel. Da die Latten durch ihre Wölbung das Tuch vom Mast fernhalten, ist das Segel bei Nässe leichter zu bergen als die Taschensegel der Freedom. Das Rigg hat gute Wirkung, aber irgendein Geschwindigkeitsgewinn ist nicht festzustellen.

Das Luna-Rigg ist ein Entwurf von Dick Carter, der als Skipper und Konstrukteur schneller Rennyachten Ruhm genießt. Es ist ein Rigg nur aus Vorsegeln, die als hohe, schlanke, selbstwendende Baumfock an je einem besonderen Mast gefahren werden (s. Bild zu Anfang dieses Kapitels).

Das erste mit einem solchen dreimastigen Rigg ausgeführte Boot war die VENDREDI TREIZE von 39 m Länge. Sie konnte das Transatlantik von Ost nach West, also bei vorherrschenden Westwinden, trotz ihrer großen Länge nicht gewinnen. Das Rigg entstand wohl als Trugschluß aus der richtigen Erkenntnis, daß bei einer Schrattakelung am Wind das Vorsegel mehr bringt als das Großsegel. Nimmt man aber das Großsegel weg, stimmt die Rechnung nicht mehr. Und zwei Masten, nur um die gleiche Segelfläche zu tragen wie eine Slup an einem Mast, bringt mehr Fahrtwiderstand und höheres Toppgewicht. Außerdem ist das Großsegel ja nicht das am schwierigsten zu beherrschende auf einer kleinen Yacht.

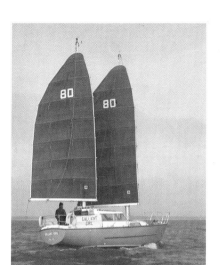

Mastbehang: ständiger (und schlechter) Radarreflektor, Salingslampen, Flaggen und schwere Beschläge.

Tempo aus dem Großsegel

Bei aller Diskussion um Vorsegel und spezielle Riggs spricht doch vieles für das Marconi- oder Bermuda-Großsegel, sei es auch nur, weil es das nun schon lange gibt und weil es so weit verbreitet ist. Da kann man annehmen, daß es ausentwickelt ist, was Leistung, Handigkeit und Wartung betrifft. Das derzeit beste Tuch ist aus Polyesterfaser gewebt (Terylene, Dacron, Diolen, Trevira). Mischgewebe mit neueren Fasern, wie etwa Kevlar, sind teils noch problematisch, entweder extrem störrisch oder mit einer Neigung, plötzlich zu reißen. Vor Neuanschaffung eines Segels muß man sich gründlich umhören.

Ein Großsegel kann zur Leistung beträchtlich beitragen, wenn man folgendes beachtet: Der Mast darf nicht zu dick sein, um die Anströmung des Segels nicht mehr als unvermeidlich zu verwirbeln. Es ist vermutlich besser, einen dünneren, von drei Wanten abgestagten Mast mit zwei Salingen zu nehmen, als einen mit Ober- und Unterwant und einer Saling. Zu bedenken ist dabei, daß Drähte in Schwingungen kommen können und dann mehr Luftwiderstand machen, als ihrem Querschnitt entspricht; das gilt auch für außen geführte Fallen, Flaggleinen und elektrische Leitungen. Tuch und Schnitt der Segel sollten beste Qualität sein. Verstärkungen, Kauschen und Gatchen sollten handvernäht sein, lederverstärkt wo nötig. Ein mit dem Vorliek in der Mastkeep gefahrenes Großsegel ist bessere Aerodynamik als Mastschiene mit Rutschern, doch bei hohen Masten (> 15 m) sollten in die Keep passende Rutscher verwendet werden, weil sonst das Segel nur schwierig herunterzuholen ist. Das Großfall muß auf der Winschtrommel gehalten werden; keine Klemmvorrichtung! Als Vorliekstrecker genügt ein Cunningham. Ein Smeerreep gehört dazu. Als Baumniederhalter empfehlen sich Talje oder Hebeltechnik; mit der Hydraulik tut man zu leicht des Guten zuviel und macht Bruch, teuer und pflegebedürftig ist sie auch. All dies muß sein und auch eingesetzt werden, um alles aus dem Groß herauszuholen.

Die Reffeinrichtung muß ständig sofort einsetzbar sein. Drei Reffstander sollten auf See dauernd geschoren sein, womit der Baum beim Lümmel vier Öffnungen haben muß, davon eine für das Smeerreep. Das Blitzreff, bei dem das überflüssige Tuch nicht aufgetucht wird, sondern unterm Baum lose hängt, hat sich bewährt. Den Festpunkt für den Reffstander wählt man so, daß die Richtung des Achterlieks den Standerwinkel zum Block halbiert. Mit dem dritten Reff sollte nur noch die Hälfte der Vorliekslänge oben sein. Einige wenige Gatchen auf der jeweiligen Reffhöhe sind ganz nützlich, um den Bauch des weggerefften Tuchs leicht beizuzeisen; zum Niederhalten des stehenden Tuchs sind sie nicht nötig. Nimmt man dazu Reißgarn, besteht keine Gefahr, das Segel beim Ausschütten des Reffs zu zerreißen.

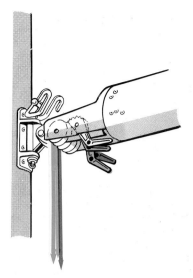

Vier Standeraustritte am Lümmel: Ausholer oder Achterliekstrecker und drei Reffstander.

In den Mast einrollbares Segel.

Großsegeleinroller

Nicht gemeint sind hier Patent- und Volksreff, bei denen das Segel um den Baum gewickelt wurde und mit denen im großen und ganzen eher negative Erfahrungen gemacht worden sind. Rollstangen hinter dem Mast, mit oder ohne von oben absenkbarem Schonbezug, konnten und können aerodynamisch nicht befriedigen. Das den Hood-Segelmachern patentierte Stoway, bei dem das Segel in den Mast hineingewickelt wird, ist wohl besser, mechanisch aber aufwendig; das Schothorn braucht einen Wagen mit Schiene auf dem Baum, denn am langen Ausholer würde es auswe-

hen, weil der sich um so mehr reckt, je länger man ihn ausgeben muß, denn Reck ist ein Prozentwert. Wie das Bild erkennen läßt, steht das Hood-gereffte Segel viel zu rund. Bei Bootslängen < 9,5 m ist das Hood-Reff wegen Enge im Mast nicht mehr anwendbar, denn der Segelrollraum im Mast muß von dem für Fallen und Leitungen getrennt sein.

Hood hat denn auch einen Stoway-Baum entwickelt, in den hinein das Großsegel gewickelt wird. Das hat gegenüber dem leidvollen Patentreff den Vorteil, daß die Schot in Baummitte angeschlagen werden kann und auf den Niederhalter nicht verzichtet zu werden braucht.

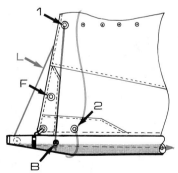

Reffgatchen. Um die Stelle B am Baum zu finden, führe die lose Part des Reffstanders (L) so, daß das Achterliek den Reffstanderwinkel halbiert. F ist ein Flachziehergat, und 1 ist das Gat fürs erste Reff. Die Position des zweiten Reffs (2) ist nur der Klarheit wegen gezeigt.

In den Mast einrollbare Großsegel haben sich als zuverlässig erwiesen. Das Mastinnere ist in Reffsektion und Fallen-Sektion geteilt.

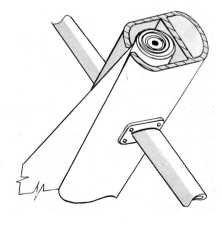

Flächenentfaltung vorm Wind

Wie schon angedeutet, mangelt es den meisten Bequemlichkeitstakelagen an der Möglichkeit, vor dem Wind mehr Fläche zu setzen. Der Spinnaker ist das richtige Segel, sobald der Wind achterlicher als dwars einkommt. Die Rennwertregeln meinen, daß ein Spinnaker die wirksame Segelfläche um zwei Drittel oder mehr vergrößert. Er wird deshalb anstrengend, wenn der Wind zulegt oder vorlicher dreht. Tatsächlich gehört auch eine Menge zusätzlicher Ausrüstung nur für ihn dazu: zwei Fallen, zwei Schoten, zwei Achterholer, Spinnakerbaum mit Auf- und Niederholer, Mastbeschlag, lösbares Innenstag, Baumzurring, Spinnakerausleger − kein Wunder, daß man da nach Alternativen sucht, aber es muß gesagt werden, daß es keine gibt, mit der man eine Fahrt erreicht wie mit dem Spi. Bei mäßigem Wind und einer ruhigen See kann der Spi eine Passage um Stunden verkürzen.

Der Spinnakersocken oder -strumpf erleichtert erheblich das Setzen und Niederholen des Spi. Er wird in dem Socken verwahrt. Zum Setzen wird der Socken zum Segelkopf gezogen und bleibt dort oben beim Fall. Zum Wegnehmen des Spis wird der Socken bei losen Schoten und Achterholern über den Spi hinabgezogen und dann

Überziehen des Spinnakersockens.

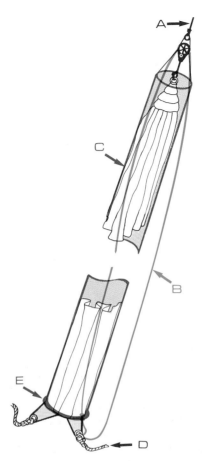

Kreuzerballon.

das Fall gefiert; alles nach Gebrauchsanweisung für das jeweilige Fabrikat. Damit ist allerlei Strippenzieherei verbunden, abgesehen von den Leinen, mit denen der Spi gesegelt werden muß.

Einfacher, aber nicht so gut ist der Kreuzerballon (Spanker, Coaster), dessen Hals am Bugbeschlag festgemacht wird. In starker Brise wird er weggenommen. Mit seinem asymmetrischen Schnitt ist er gut für halben Wind geeignet, bei raumerem Wind aber fällt er zusammen wie eine Genua. Man muß ihn dann ausbaumen, und die Spiere muß etwa 50 % länger als ein Spinnakerbaum sein – ein ziemliches Ding, aber man kann es teleskopisch bekommen. Zum effektiven Ausbaumen gehört ein Spinnakerfall, getrennte Achterholer und Schot und ein Mastfitting zum Einpicken der Spiere. Auch ein über einen Block zur Plicht geleiteter Halsstrecker ist empfehlenswert: hinunter bei Halbwind, hinauf vorm Wind. Ein Aufholer ist

Der Spinnakersocken (wird auch anders genannt): A ist das Spinnakerfall. B die Endlosleine zum Hochziehen oder Niederholen des Sockens C, der eine ausgesteifte Öffnung E hat. D Schothörner.

Ein typischer Kreuzerballon hat 40 % mehr Fläche als die größte Genua (G), ist aber 30 % kleiner als ein ausgewachsener Rennspinnaker (S).

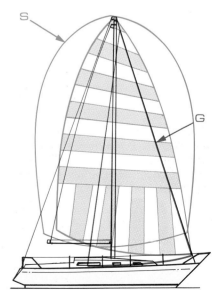

Zum Ausbaumen von Ballon und Genua sind Teleskopspieren praktisch; sie sind länger als ein Spinnakerbaum, und einige haben eine Innentalje zum Einstellen.

nötig, auf den Vorholer kann verzichtet werden. Jeder Segelmacher hat seinen eigenen Kreuzballonschnitt und lobt ihn als den besten der Welt, weil er mit Computer berechnet sei. Üblich sind Vorliekslänge gleich Vorstagslänge, Fußliek 1,7 mal Basis des Vorsegeldreiecks, Fläche etwa 60 % der Spinnakerfläche. Für Spinnakersocke geeignet.

Genua ausbaumen

In einer frischen oder starken Brise läuft der schnelle Kreuzer vorm Wind am besten mit ausgebaumter Genua, wozu ebenfalls eine verstellbare Spiere besser ist als der Spinnaker-

baum. Man legt die Schot nicht in den Nockbeschlag, sondern hält die Spiere mit einem Achterholer. Wird der losgeworfen, übernimmt die Genuaschot die Kraft, und die entlastete Spiere kann sicher an Deck genommen werden. Das gilt auch für den Kreuzerballon.

Um die Segelfläche ohne Spinnaker vorm Wind zu vergrößern, kann man ein zweites Vorsegel mit dem Spinnakergeschirr setzen, was natürlich voraussetzt, daß man eins hat.

Selbstverständlich gibt es noch eine Anzahl traditioneller Methoden, vorm Wind mehr Segelfläche zu entfalten, wie Breitfock, Passatsegel und Schmetterling mit zwei Spieren zum

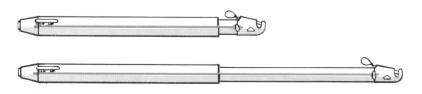

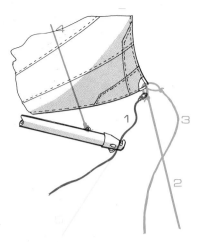

Ausbaumen. Aber vergessen wir dabei nicht, daß es sich um schweres Gerät handelt, das die ganze Zeit an Deck herumliegt oder an Mast oder Wanten gelascht ist und am Wind nicht zur Fahrterhöhung beiträgt – im Gegenteil.

Zum sicheren Ausbaumen benützt man am besten Spinnakertechnik: Achterholer (1) durch die Baumnock, so daß beim Lösen die Schot (2) übernimmt. 3 ist die lose Genuaschot (sie entfällt beim Ballon). Der Baum wird durch Aufholer (4) und Niederholer (5) gehalten.

Wenn die Lage hart wird

Wir reden in diesem Abschnitt nicht von schlechtem Wetter, sondern von hartem Wetter oder schwierigen Lagen. Da wird diskutiert, was bei starkem Wind und was bei Nebel passiert. Weder das eine noch das andere ist schlechthin schlecht. Wenn es auffrischt, macht die Segelei Spaß (für eine Weile), und im Nebel navigieren ist eine spannende Beschäftigung. Und wer hat nicht schon in einer Flaute gelegen und gestöhnt, Sturm wäre ihm lieber?

Mit der Dauer schweren Wetters legt sich die Begeisterung, und Müdigkeit und Befürchtungen treten an ihre Stelle. Ich erinnere mich lebhaft an zwei Beispiele. Das eine war Fastnet 1979. Als der Wind nachts zu pfeifen begann, sagte einer beim Reffen: „Deswegen sind wir doch hier!" Sturm gehört nun mal dazu. Als aber später aus dem Sturm schwerer Sturm wurde und die Notrufe übers Radio kamen, war es dann doch anders. Beim zweiten Beispiel waren wir fröhlich auf

Törn, der bei schönem, warmem Wetter begann. An der Kreuz frischte es dann auf, aber kurze Hosen und Hemden blieben die Plünnenordnung an Deck. Kalte Duschen, die über Deck kamen, wurden mit Hallo bejubelt. Aber 45 Minuten später mußten wir einen mit leichter Unterkühlung in den Schlafsack stopfen. Die Lehre ist wohl, den Spaß an einem aufkommenden Sturm rechtzeitig abzubrechen und sich darauf vorzubereiten, daß auf rauhes Wetter hartes folgen könnte.

Wann fängt „hart" an?

Was da der Knackpunkt ist, das variiert über einen sehr weiten Bereich, wobei der menschliche Faktor eine bedeutende Rolle spielt, aber an seiner Crew kann man nichts mehr ändern, wenn es zu blasen beginnt. Die Länge der Reise kann man etwas in Rechnung ziehen. Eine Crew, die schon

Was das Wetter hart macht

Große Yacht	Kleine Yacht
Segeln mit dem Wind	Segeln am Wind
Kurze Windstrecke (Fetch)	Große Windstrecke
Gleichmäßige See	Kreuzsee, Grundsee, Stromkabbel

Setze für jeden zutreffenden Posten links 5 ein, und für jeden Posten rechts 10 und addiere die Zahlen. Je größer die Summe, um so schlimmer ist die Lage. Beispiel kleine Yacht (10), mit raum achterlichem Wind (5), 15 sm östlich Schleimünde (5) bei Westwind, normaler Seegang (5) − Summe 20. Bei steifem Ost (10) wäre die See schwierig (10), und die Lage 35, sprich: „ungemütlich". Der Fetch auf der Ostsee ist nicht lang genug für 10.

eine Woche auf schneller Reise unterwegs ist, wird auf Windstärke 7 nicht mehr so sauer reagieren wie eine unbefahrene Mannschaft, über die ein solcher Wind eine Stunde nach Verlassen des Hafens herfällt. Angesichts des menschlichen Leids wird der Skipper schleunigst in den Hafen zurückkehren.

Windstärke ist auch nicht alles. Wichtiger ist, was sie aus der See macht, ob sie gegen einen Strom bläst, ob sie von einer nahen Küste kommt oder über einen langen Fetch, ob die See lang ist oder nur ein bis zwei Bootslängen lang, was für jedes Schiff dann seine spezielle schwere See ist, besonders wenn sie mehr als Freibordhöhe hat. Wichtig sind Luft- und Wassertemperatur und seemännische Zwänge wie „wir müssen gegenan knüppeln, wir haben keinen Seeraum".

Bei schwerem Wetter muß man einen willkürlichen Strich ziehen zwischen „stürmisch" Stärke 6...8 und „Sturm" Stärke 9 und mehr. Mit stürmischem Wetter kann ein schneller Kreuzer, den es auf See erwischt, weitersegeln. Bei richtigem Sturm wird er Schutz suchen, wenn das möglich ist − nicht möglich ist es an einer Küste in Lee. Wer sich der Leeküste nähert, verschenkt Seeraum und riskiert, sich einem Hafen zu nähern, der wegen der davor stehenden Grundsee und Bran-

dung nicht erreichbar ist. In schwerem Sturm und Orkan geht der Kampf ums Überleben, und das heißt oft, so langsam wie möglich in den Seeraum zwischen Schiff und Leeküste hineinzutreiben. Bei Stärke 8 und weniger ist jeder versucht, Schutz zu suchen, aber praktisch ist das nicht, und es erfordert keine besondere Seemannschaft, um weiterzulaufen.

Sturmwarnungen

Keiner kann ausschließen, daß Stärke 6, 7 oder 8 nicht noch stärker wird, aber im Sommer ist es jedenfalls seltener. Die Vorbereitungen sind dieselben. Es kann zwar sein, daß weitere Notmaßnahmen getroffen werden müssen, wenn das Wetter schwer (Stärke 9 und mehr) wird.

Einen heranziehenden Sturm kann man am fallenden Barometer erkennen, vom Radio-Wetterbericht gemeldet bekommen oder an höher werdender Dünung merken. Von der Fallgeschwindigkeit des Luftdrucks läßt sich auf die voraussichtliche Windstärke schließen:

Fall/h	Vermutl. Windstärke
2 hPa	6
3 hPa	8
6 hPa	10...12

Die Unterschiede von Starkwind bis Orkan.

Beaufort Stärke-Nr.	Windgeschwindigkeit*		Bezeichnung
	kn	m/s	
6	24	12	starker Wind
7	31	16	steifer Wind
8	37	19	stürmischer Wind
9	44	23	Sturm
10	54	28	schwerer Sturm
11	60	31	orkanartiger Sturm
12	>63	>33	Orkan

* Mittelwert

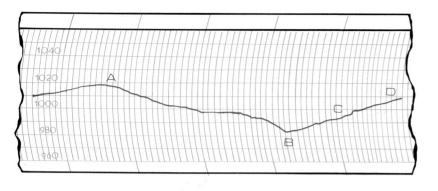

Barogramm von fünf Segeltagen Ende September im NW-europäischen Revier: A schönes Wetter, B stürmisch mit Regen, C aufklarend, aber weiterhin stürmisch, D wieder gutes Wetter.

Wer keinen Barographen hat, muß das Barometer wenigstens jede Stunde ablesen und den Druck im Logbuch mit Uhrzeit notieren. Ein Barograph ist selbstverständlich besser, weil der Gefällewinkel seiner Kurve deutlich zeigt, was kommt, und außerdem paßt er auch im Hafen auf den Luftdruck auf, wenn keiner daran denkt, jede Stunde den Luftdruck zu notieren.

Radio-Wetterberichte werden überall in der Welt verbreitet. Deren Zuverlässigkeit ist in den letzten Jahren dank der Wettersatelliten besser geworden, aber immer noch gilt: Irren ist meteorologisch. Es gibt Wetterlagen, bei denen die Fachleute nur raten können, was als nächstes geschieht. Das ist freilich selten und eher typisch für Hochdrucklagen. Beim Fastnet 1979 haben die Fachleute aber auch ein aus den USA herankommendes Sturmtief auf den Satellitenbildern übersehen oder unterschätzt. Was nützt es dem Segler, wenn die Wetterberichte angeblich zu 85 % stimmen, und er schlingert in einen Sturm, der zu den 15 % zählt. Stürme sind oft begrenzt, und 20 sm weiter weg ist alles nicht so schlimm. Mit so etwas kann sich der Wetterbericht nicht aufhalten. Immerhin sind die Windvorhersagen

des deutschen Rundfunks für die Deutsche Bucht und westliche Ostsee ein beispielloser Service. Ansonsten gilt, die Berichte des Seefunks zu hören und auf alles gefaßt zu sein.

Dünung ist eine zweitrangige Warnung und hat Bedeutung auf hoher See außerhalb der Reichweite der Rundfunksender. Weil Wasserwellen sich schneller ausbreiten als die Zuggeschwindigkeit eines Tiefs, laufen sie aus dem Sturm heraus und werden ohne den Windantrieb rund und sanft. Wird eine Dünung aber mit der Zeit höher, kann

Zusammenhang von Dünung und Wetter im Ursprungsgebiet. Rote Linien: Distanz (sm) zum Sturmgebiet. Gelb: Laufzeit (h) der Wellen vom Ursprung aus. Blau: Windgeschwindigkeit (kn) im Ursprungsgebiet. Abszisse (P): Periode der Dünung (s). Ordinate H: Höhe der Dünung.

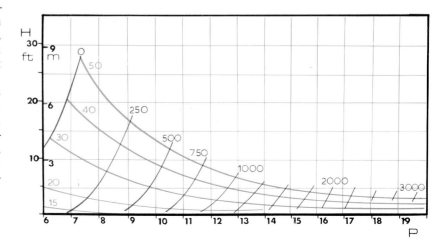

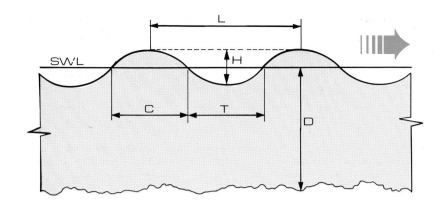

Seegangsbeschreibung: L = Wellen-länge, H = Wellenhöhe, C = Wellen-berg, T = Wellental, D = Wassertiefe (SWL). Die Bezeichnungen sind für Windsee und Dünung gleich.

man wetten, daß ein kräftiger Sturm hinterher kommt.

Die wahrscheinliche mittlere Wellen-höhe bei einem einigermaßen gleich-mäßig über mehr als drei Stunden und eine lange Seestrecke (Fetch) wehen-dem Sturm ist bei Stärke 6 ca. 3 m, bei Stärke 8 ca. 5,5 m, bei Stärke 10 ca. 9 m. Diese Höhen können bei lang anhaltenden Stürmen und einem Fetch von 1000 sm noch um 50 % hö-her werden, und 12,5 m bei Stärke 10 sind wirklich groß. Das Diagramm zeigt, wie aus der Höhe und Periode (Zeit in Sekunden von Kamm zu Kamm) der Dünung auf die Entfer-nung und die Windstärke des erzeu-genden Sturmes rückgeschlossen wer-den kann. Beim Auszählen der Peri-ode muß man berücksichtigen, daß die Schiffsgeschwindigkeit gegen die See die Periode scheinbar verkürzt; umgekehrt bei Fahrt mit der See. Aus der Periode T (s) läßt sich zuverlässig die Wellenlänge L (m) berechnen: $L = 1,56\ T^2$, und aus der Wellenlänge die Wellengeschwindigkeit V (kn) = $2,43\ \sqrt{L}$.

Solche Warnungen können durch Kenntnis der Wetterzeichen am Him-mel und die Wettereigenheiten be-stimmter Zonen und Jahreszeiten un-terstützt und gewertet werden. Es gibt viele Bücher über Wetterkunde, und die kann man außerhalb der Segelsai-son studieren.

Wird Sturm erwartet, dann sind recht-zeitig Vorbereitungen zu treffen. Hier eine Aufzählung.

Crew: Warme Unterkleidung und Schlechtwetteranzug anlegen, zudem Sicherungsgurte.

Koch: Eine warme Mahlzeit bereiten, bevor die See rauher wird. Das Essen kann in Thermobehältern verwahrt werden. Kaffee oder Tee in Thermo-behältern bereitstellen. Keks, Knäcke, für Seefeste belegte Brote, Schoko-lade als Notverpflegung bereitstellen.

Navigator: Möglichst genaue Schiffs-ortbestimmung machen, von der aus weitergekoppelt werden kann. Batte-rie aufladen, wenn nötig.

An Deck: Radarreflektor heißen (er ist wegen schneller Reise nicht dau-ernd oben). Reffeinrichtung aufklar-ren, besonders das dritte Reff vorbe-reiten. Die nicht gebrauchten Fallen (Spi) sichern, damit sie nicht loskom-men und auswehen. Treibanker klar-machen (falls an Bord). Backskisten-deckel in der Plicht sichern. Bilge lenzen.

Unter Deck: Seeventile am Spülenab-fluß und WC schließen, aber nicht das der Motorkühlleitung. Kleines Vorse-gel und Sturmsegel beim Niedergang bereitlegen. Luken sichern, Ventilato-ren wo nötig verschließen. Lose schwere Massen sichern oder zurren – vor allem Batterie, Werkzeug(ka-sten), Anker.

Im Sturm

Gegen Windstärke 8 anzukreuzen, ist für die Mannschaft strapaziöser als für einen stebigen schnellen Kreuzer. Ist das Groß erst mal bis zum dritten Reff weg und die kleine Fock (eine Num-mer größer als die Sturmfock) am Vor-stag, dann geht man am besten kurze Wachen mit zwei Mann an Deck mit kurzer Sicherungsleine. Hat man ei-nen Koch, der bei solchem Wetter noch warmes Essen zustande bringt, um so besser. Es gibt welche, aber die Arbeit ist mindestens fünfmal schwie-riger als bei einer moderaten Brise. Und dann noch die Schwierigkeit, das heiße Zeug nach oben in die Plicht zu reichen. Heiße Tasse in biodegradier-baren Plastikbechern wäre ein Vor-schlag. Aber man muß nicht warm es-sen, um stundenlang bei Kräften zu bleiben. Studentenfutter tut's auch.

Seekrankheit kann zu einem schwierigen Problem werden, wenn sie mehrere auf die Koje streckt. Ich glaube, jeder wird im Laufe einiger Tage auf See immun dagegen; auch wer jedes Wochenende mit dem Boot unterwegs ist. Manche werden und bleiben aber immer seekrank, und, tut mir leid, wer die mitnimmt, ist selber schuld. Als Skipper oder Wachführer achte man auf jeden, der sich plötzlich müde fühlt, wiederholt gähnt oder blaß bis hellgrün aussieht. Ich schlage meiner Crew vor, vor der Reise eine einfache, nicht zu fette Mahlzeit zu essen und Alkohol zu meiden. Vorbeugende Medikamente je nach Verträglichkeit schon bei der Sturmwarnung, nicht erst, wenn's losgeht, und danach in regelmäßigen Abständen. Empfehlungen kann ich hier nicht geben, weil das Zeug in verschiedenen Ländern verschiedene Namen hat, weil dieser das eine, der andere ein anderes Mittel nicht verträgt, und die Mittel in einem Land über den Ladentisch, im anderen Land nur auf Rezept zu haben sind. Viele der gepriesenen Mittel machen dösig, weshalb man sie nach der Wache einnehmen sollte. Pflaster hinterm Ohr oder auf die Pulsader sind im Gespräch, Placebos vielleicht auch, und in England war in den 70er Jahren ein Ohrheilmittel namens *Cinnaricine* in Mode − naheliegend, denn das Gleichgewichtszentrum sitzt im Innenohr.

Auf Kursen vor dem Wind ist die Versuchung groß, zuviel Segel zu tragen, wenn es auffrischt. Die modernen Boote mit weit achtern angebrachtem Ruder steuern sich dabei aber gut, nur muß man wissen, daß großer Ruderdruck in Pinne oder Rad anzeigt, daß zuviel Segel stehen. Bei Stärke 8 läuft eine moderne Yacht bei raumem Wind Höchstfahrt, und man kann ruhig zeitig Segel kürzen. Läuft man nahezu platt vorm Wind, kommt die Frage auf, ob man einen Bullenstander set-

zen soll, um eine Patenthalse zu verhindern. Geht die Yacht damit aber doch rund achtern, dann ist man mit dem querab stehenden Baum festgenagelt. Eine *Le Wälder* Baumbremse hält den Baum nicht stur fest, bremst ihn beim Übergehen auf ungefährliches Tempo ab.

Wird auf Sturmsegel reduziert, kommt gewöhnlich die Sturmfock als erstes dran. Man muß auch daran denken, daß das Großsegel wie eine Art Achterstag wirkt, und diese Wirkung hört auf, wenn das Groß weggenommen wird. Auch wenn das nur kurze Zeit dauert, etwa beim Reffen, ist der Mast in Gefahr. Es müssen deshalb beide Backstagen angeholt sein, und beim Toprigg muß sicher sein, daß im Achterstag genug Spannung ist. Die Schotleitpunkte müssen vorher eingestellt sein, und jetzt kommt es besonders darauf an, daß sie nicht verrutschen, denn die Fockschot zieht mehr nach oben als die Genuaschot.

Eine Patenthalse bei gesetztem Bullenstander (V) kann einen so festnageln, daß Zurückhalsen nicht möglich ist.

Bei stark gerefftem oder weggenommenem Großsegel fällt dessen Zugwirkung auf den oberen Teil des Mastes weg, was durch Anholen des Backstags (R) ausgeglichen werden muß.

Ein Reff eingebunden, aber bis zum dritten Reff kommt noch viel Tuch nach unten.

Beim Großsegel macht das dritte Reff ein Problem, weil es vorn nur zwei Reffhaken gibt. Da wird man das erste Reff aushaken müssen, sollte das lose Tuch dann aber beizeisen. Die hintere Reffkausch muß, wenn für sie kein Reffstander an der richtigen Stelle vorgesehen ist, eventuell mit einem Beiholer nach unten gebracht werden. Hoffentlich sind noch genug Reffbändsel fürs dritte Reff übrig; da muß noch viel Tuch beigezeist werden. Unter einer Luvküste hat man nur die Sorge, der Wind könnte drehen, wenn ansonsten nach Lee genug Seeraum liegt. Vor einer Leeküste muß man sorgfältig kalkulieren, wie lange die Yacht nach Lee driften darf, wenn aus stürmischem Wetter richtiger Sturm werden sollte. In 15 sm Abstand von der Küste und ohne sicheren Hafen in der Nähe wird es dann höchste Zeit, zur Gewinnung größeren Abstandes an die Kreuz zu gehen. Nach drei Stunden bei einem allmählich auf Stärke 8 zunehmendem Wind hat

man, je nach Größe der Yacht, etwa 15 weitere Meilen von der Küste gewonnen, was auch unter schwereren Bedingungen noch genug sein mag. Angenommen, die Yacht treibt beigelegt mit 2,5 kn, dann hat man 12 h Zeit, bis man in die Gefahrenzone kommt.

Schweres Wetter

Wer öfters lange Reisen über offenes Wasser macht, wird früher oder später mit Windstärke 9 und darüber Bekanntschaft machen. Zwar kommt ein schneller Kreuzer im Sommer in den üblichen Yachtgebieten nur selten in wirklich schweres Wetter, und das ist der Grund, warum es nur so wenige gibt, die mit Ruhe und Gelassenheit in solchem Wetter wissen, was zu tun ist. Die vielen Yachtsmen, die es nicht wissen, sind auf die Erzählungen der Befahrenen angewiesen, hoffen nie hineinzukommen und sind gefaßt, notfalls damit fertig zu werden.

Seeraum vergrößern, solange es noch möglich ist – in drei Stunden sind noch 15 sm zu gewinnen.

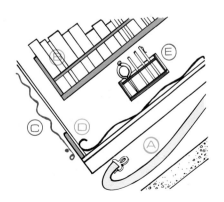

Kartentischzubehör für rauhe See: A = Anschnallgurt für Navigator an Luvseite. B = Bücherbord dwars. C = Schutzvorhang für Navigator in Lee. D = hohes Schlingerbord, um Karten und Bücher auf dem Tisch zu halten. E = Geräthalter.

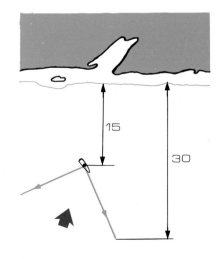

Die Größe der Yacht hat viel damit zu tun, und die Rennyachten in Um-die-Welt-Rennen sind, selbst wenn sie nur von einem gesegelt werden, so groß wie möglich; meist länger als 18 m. 1970 machte sich eine Stahlyacht dieser Größe in der „falschen Richtung" auf den Weg um die Welt, also in Westrichtung gegen die Winde des südlichen Ozeans. Chay Blyth segelte sie einhand nonstop in 292 Tagen von Heimathafen zu Heimathafen. Es war ein Boot mit geteiltem Lateralplan. Es mußte mehrmals gegen Stürme von Stärke 10 ankreuzen. Es ist also möglich, und weil die Boote inzwischen besser geworden sind, haben ein paar die Passage wiederholt. Die meisten bevorzugen aber die „richtige Richtung".

Für kleinere Boote und weniger harte Burschen als Crew empfiehlt sich das Weiterkreuzen nicht, aber auch nicht das Beiliegen unter Sturmfock und Try mit nach Lee gelaschter Pinne, denn dabei droht Ruderbruch; ganz beson-

Zur Hafeneinsteuerung braucht man tags wie nachts ausreichende Sicht oder Radar. Elektronische Ortung ist zu ungenau.

Einige der gekenterten Yachten verschiedenen Typs. Es gibt jedoch mehr als 40 Berichte solch schwerer Kenterungen, wobei die aufs Kreuz gelegten Multirümpfe gar nicht berücksichtigt sind.

Name und Typ der Yacht	Unfall-gebiet	Lüa m	Breite m
Adventure (IOR 1970)	Süd-Atlantik	16,8	4,4
Dubloon (CCA, Kielschwert)	Nord-Atlantik	11,9	3,3
Galway Blazer (leicht, einhand, niedriges Rigg)	Bei Kap Hoorn	13,1	3,2
Joshua (Stahl, einhand)	Süd-Atlantik	12,9	3,7
Tzu Hang (schwerer Doppelender)	Süd-Atlantik	14,0	3,5
Trade Wind (moderner schwerer Kreuzer)	Biscaya	10,1	3,2
Trophy (gemäßigt IOR)	Fastnet 1979	11,3	3,4

ders bei freistehenden Rudern. Ruderbruch droht auch beim Liegen vor Treibanker, egal ob der vom Bug oder Heck ausgebracht ist. Die Lehre ist seit 25 Jahren: weitersegeln, entweder mit fast halbem Wind oder mit raumem Wind unter Sturmsegeln. Beiliegen wird auch mit Langkielern nicht mehr empfohlen. Es sind in brechender See zu viele dabei durchgekentert und haben Mast- und Ruderbruch erlitten. Zwar kann man auch beim langsamen Weitersegeln um mehr als 90° kentern, aber Beiliegen fordert das geradezu heraus. (Beiliegen ist jedoch ein hübsches Manöver, um bei schöner See − Stärke 4...5 − in Ruhe zu speisen.) Daß die Blasenbahn nicht mehr funktioniert, wie das in älteren Büchern steht, liegt wohl daran, daß die Boote früher schlanker waren als heute.

Die Kenterberichte gleichen sich auf unheilvolle Weise. Die Leute berichten, alles sei prima gewesen, einige haben in ihren Kojen gedöst. Dann war plötzlich alles auf den Kopf gedreht, die Wache im Wasser, unter Deck fliegen Menschen und Gegenstände herum, verletzen sich, Wasser drängt durch Luken und Lüfter herein − und durch den gegen alle Warnungen offen gelassenen Niedergang. Jeder denkt an Fastnet 1979. Die Fakten sind, daß von 303 Startern 85 das Rennen beendeten und der Rest aufgab, viele von ihnen ohne Schäden an Leib und Schiff. Aber 15 ertranken oder starben an Unterkühlung, und 19 Boote wurden aufgegeben, aber nur 5 von denen sanken. In der Flotte waren alle modernen Konstruktionsideen versammelt, und der Verfasser glaubt, wenn es ebenso viele langsame Fahrtenyachten gewesen wären, hätte der Fastnet-Sturm mehr Opfer − Menschen wie Material − gefordert. Tatsächlich sind in jenem Sturm ja auch

Fahrtenyachten verlorengegangen, worüber aber nicht berichtet worden ist. An die Rennskipper wurden Fragebogen ausgegeben. 33 % der Antwortenden berichteten, sie seien mehr als 90° gekentert (Masttopp im Wasser). Aus der Art der Fragestellung läßt es sich nicht mit Sicherheit ableiten, aber wahrscheinlich wurden mehr als 30 Boote vollständig durchgerollt, und sechs von denen hatten Längen von 13,5...17,0 m. Eine Beziehung zwischen Bootstyp und Kenterung ließ sich nicht feststellen. Es kann jedem Bootstyp und Ballastanteil passieren.

In anderen Teilen der Welt hat es auch zahlreiche Knockdowns gegeben, von denen die Tabelle links einige aufzählt. JOSHUA, Bernard Moitessiers sehr schwere Stahlketsch, die anderthalbmal um die Welt gesegelt worden ist, ist siebenmal gekentert, davon viermal um 130° − macht alle 5000 Meilen eine Kenterung, wobei er hauptsächlich in den südlichen Breiten segelte. Die 8,60 m lange irische Rennslup ROCK'N GOOSE wurde auf der Höhe von La Rochelle 50 sm draußen in der Biscaya um 360° durchgerollt, wobei sie ihren Mast verlor. Mit einem Notrigg erreichte sie ohne fremde Hilfe einen Hafen.

Die wahrscheinlichsten Gefahren bei einer Kenterung sind Mast- und/oder Riggschäden, Verlust oder Schäden an Decksausrüstung, mehr oder minder großer Wassereinbruch, Schäden unter Deck durch herumfliegende Gegenstände (zertrümmerte Fenster), Verletzungen bei der Crew. Die im nächsten Kapitel erwähnten Sicherungsmaßnahmen sollen dem vorbeugen, aber zur Sicherung des Mastes kann man nicht mehr tun, als darauf achten, daß das Rigg nebst allen Beschlägen einwandfrei in Ordnung ist. Die am Topp montierten Meßgeber gehen wohl verloren oder werden beschädigt, also Ersatz mitnehmen. Bauliche Qualität ist eine Sache, an der Skipper und Crew nicht viel ändern können.

Noch einmal sei davor gewarnt, in schwerem Wetter das obere Steckschott des Niedergangs offenzulassen, die Backskistendeckel in der Plicht nicht zu sichern, die Bilge nicht stets sauber zu halten, damit die Lenzpumpen nicht verstopfen. Ist erst mal viel Wasser im Boot, läßt sich kaum vermeiden, daß es noch mehr wird. Die Kojensegel müssen sicher sein, und immer daran denken, daß eine Konservendose von 0,85 kg und mehr und auch eine Flasche Bier oder Coke ein gefährliches Geschoß ist. Werkzeug in einer Leinentasche ist kaum harmloser als in einem Stahlkasten − lasse so was nicht herumliegen!

Positive Schritte im Sturm

Es ist unmöglich, Dogmen über die richtige Handlungsweise in irgendeinem Sturm für irgendein spezielles Boot aufzustellen. Die Vorschläge hier gelten als allgemein akzeptierte Praxis. Skipper ohne Erfahrung mögen sich anfangs danach richten.

Es scheint höchst empfehlenswert zu sein, das Boot am Laufen zu halten, es nicht vor Topp und Takel mit Ruder nach Luv für sich selbst sorgen zu lassen. Das traditionelle Beiliegen unter Sturmsegeln mit in Lee gezurrter Pinne ist kaum besser; dabei wird die Fock backgesetzt, das Try mittschiffs getrimmt, bei Radsteuerung das Rad nach Luv gedreht und festgesetzt. Dabei macht das Boot meist etwas Vorausfahrt, aber es ist eine passive Taktik. Der Vorteil weiterzusegeln liegt vor allem darin, daß das Ruder Wirkung behält, das Schiff steuerbar bleibt. Es unterscheidet sich vom Beiliegen nur dadurch, daß man die Fock ziehen läßt, nicht backstellt. Das läuft nicht schnell am Wind und soll es auch nicht; für Ruderwirkung reicht es. Die Yacht wird mit einem Winkel zwischen 60° und 90° zum scheinbaren Wind gesteuert. Nähert sich eine steile, brechende See, dann luvt man bis fast genau in den Wind an. Wenn das Boot den Kamm der See übersteigt, wird die Pinne nach Luv geholt, das Rad nach Lee gedreht und wieder auf 60...90 Grad abgefallen, um Fahrt aufzunehmen. Man darf vor einer solchen See nicht zu früh andrehen, dann würde die kinetische Energie aus der ja nicht sonderlich schnellen Fahrt nicht mehr ausreichen, auf die See hinaufzukommen. Das Boot würde quer zur See gedrückt und möglicherweise vom nächsten Brecher gekentert; just das, was einem beim Beiliegen auch blühen kann. Nicht die un-

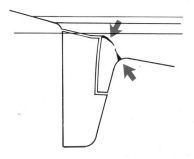

Skeghavarien wie diese sind bei schwerem Wetter nicht auszuschließen.

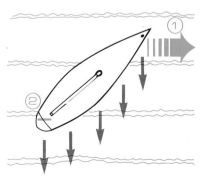

Die traditionelle Methode beizuliegen: (1) etwas Fahrt voraus, (2) Ruder nach Luv.

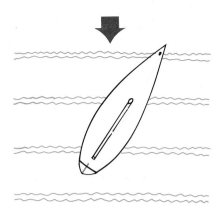

Die neue Taktik mit wenig Tuch langsam voll und bei, aufschießen gegen den Brecher, abfallen hinter dem Kamm - siehe Text.

tere Hälfte einer solchen Sturzsee ist das Problem, sondern ihr oberes Drittel mit dem Brecher, in dem die Wucht des Bootes für den Aufschießer reichen muß. Das Abfallen auf dem Kamm muß schnell gehen, damit der Bug nicht aufschlägt oder in die folgende See donnert. Das Boot darf auf keinen Fall zum Stillstand kommen.

Das sieht alles nach schlimmer Anstrengung aus, aber ganz so schlimm ist es nicht, weil nicht jede Welle ein schlimmer Brecher ist. Die Taktik ist jedoch für schwere, träge auf das Ruder reagierende Yachten nicht zu empfehlen. Es müssen leichte, schnell reagierende Kreuzer sein.

Die andere wichtige Option ist, vor dem Wind abzulaufen, was natürlich voraussetzt, daß man auch genügend Seeraum hat. Das bezieht sich oft nicht auf Abstand von der Leeküste, sondern Abstand von gefährlichen Lotungen. Zum Beispiel liegt in der Biscaya 40,5 sm westlich der Île de Ré eine Bank mit Lotungen von 4...22 m, auf der bei starkem Sturm die etwa 100 m lange Sturmsee zu einer gefährlichen Grundsee und Brandung gestaut wird. Eine 12 m lange Yacht legt

100 sm in 13...14 h zurück. Ab Stärke 9 aufwärts braucht sie dazu keine Segel mehr, sie schafft es vor Topp und Takel. Probiere das jeder einmal an einem Tage mit starkem Wind aus, entweder auf offener See oder in geschütztem Revier. Natürlich müssen dabei die Sturmsegel einsatzbereit sein, um jederzeit an den Wind gehen zu können; etwa wenn einer über Bord gefallen ist, oder wenn man einem Schiff ausweichen muß. Einige Ozeansegler lassen die Sturmfock mit beiden Schoten hart mittschiffs getrimmt oben und segeln mit einem spitzen Winkel zum achterlichen Wind. Brecher, die das Heck von schräg achtern anlaufen, steigen nicht so leicht ins Cockpit, und weil die Yacht ins Tal hinein segelt, statt vom Brecher hineingeschoben zu werden, läuft das alles unter besserer Kontrolle ab. Die richtige Fahrt sei wichtig, sagen die Weisen; die Yacht könnte für eine halbe Meile surfen, wenn dabei aber das Ruder im Schaum des Brechers paddelt, ist die Sache gefährlich. Ist die Yacht zu langsam, kann der Brecher das Vorschiff unter Wasser drücken und die Yacht über den Bug

Moderne Taktik, auch für schwere Yachten: Mit wenig Tuch (Sturmfock) dicht beim Wind langsam voran. Ein Mann ständig am Ruder.

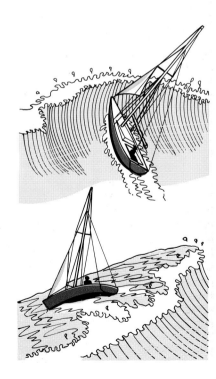

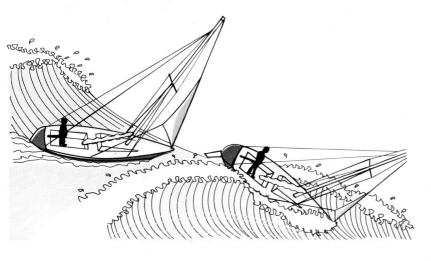

Gesteuert vor Wind und See laufen. Höchste Aufmerksamkeit ist nötig, um nicht quer zur See zu geraten. Fahrt etwas schneller als die See.

kentern oder die Plicht randvoll machen. Ist der Ablaufwinkel zum Wind zu groß, trifft der Brecher zuviel Breite und schlägt die Yacht quer – mit etwas Glück ohne sie auf die Backe zu legen.

Es herrscht keine Einigkeit unter den Ozeanexperten, ob man beim Ablaufen ein Tau oder eine Taubucht schleppen soll, um die Yacht am Surfen zu hindern. Frank Mulville, der den Atlantik mehrmals überquert hat, sagt, die Wirkung einer Bucht aus Schwimmtau sei beachtlich, es bilde sich ein schmales ruhiges Kielwasser hinter der Bucht, in dem nur gelegentlich ein Brecher auftrete, und das Surfen höre auf; zwar schwappe schon die Spitze eines Kamms ins Cockpit. Robin Knox-Johnston hat in den sehr hohen Seen der südlichen Ozeane auch eine große Bucht Schwimmtau bei auf Mitte geschoteter Sturmfock und gelaschter Pinne geschleppt. Moitessier dagegen berichtet, sein Boot durch Kappen der Bucht gerettet zu haben; er hatte zwar ein sehr schweres, noch mit Ballast und Netz „angereichertes" Tau ausgebracht, das wohl zu stark bremste.

Hat der Skipper eines schnellen Kreuzers beschlossen, es sei Zeit, vor dem Wind abzulaufen, und hat· er weder Erfahrung noch ein Rezept, dann setze er den besten Steuermann ans Ruder und lasse ihn mit nackten Spieren bei sorgfältig eingebundenen Sturmsegeln vor dem Wind mit Kurs 70...90 Grad zu den Wellen steuern.

Ob kreuzend oder lenzend – wer dabei quer vor einen Brecher gerät, lernt diese Situation kennen.

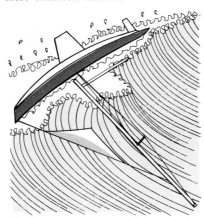

Ein 70...150 m langes Schwimmtau sollte bereitgelegt, aber nicht gleich eingesetzt werden. Dann kann probiert werden, ob es mit gesetzter Sturmfock besser geht oder ob das Bremstau ausgebracht werden muß. Vor Brechern so steuern, daß sie das Heck wie beschrieben etwas seitlich treffen.

Achtern ausgebrachte Leine zur Regulierung der Fahrt.

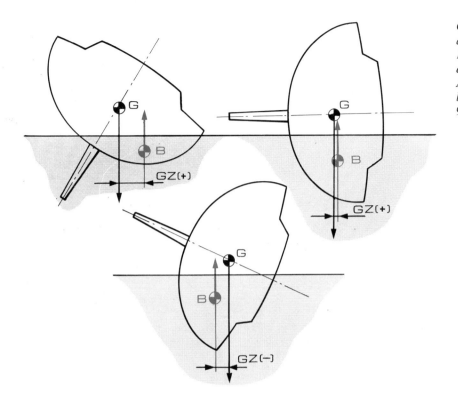

Grundlagen der Yachtstabilität. GZ ist der aufrichtende Hebelarm, bei jedem Krängungsgrad bestimmt von der Lage des Yachtschwerpunkts (G) und des Auftriebzentrums (B). Bei dieser (nicht bei jeder) Yacht wird GZ negativ ab ca. 95° Krängung.

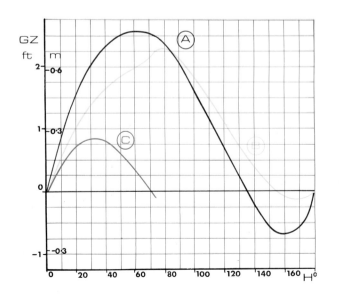

GZ-Kurven als Funktion des Krängungsgrades. A = moderne Flossenkielslup mit hohem Freibord. B = Slup mit mäßig langem Kiel und wenig Freibord. C = dänischer Fischkutter. B hat nur einen kleinen negativen Stabilitätsbereich; C, der Fischkutter hat einen sehr kleinen Stabilitätsbereich. Solche Kurven werden beim Krängungsversuch in ruhigem Wasser gewonnen, bei großen Schiffen durch Berechnung.

Stabilität

Wie schnell eine gekenterte Yacht wieder in die Normallage zurückkehrt, das hängt von ihrer Schwerpunktlage, ihrer Rumpfform und ihren Aufbauten ab. Die Größe des Ballastanteils ist wichtig, wenn die Yacht auf ihre Seite gedrückt ist, aber bei schnellen Kreuzern ist der Ballast eher knapp gehalten. Einige Renncrews haben schon die bestürzende Erfahrung gemacht, daß ihr Boot eine außerordentliche Stabilität in Kielobenlage hatte und mehrere Minuten lang in dieser Lage verharrte − alle moderne, breite Glattdecker.

Eine Yacht mit „normalem" Ballastanteil verhält sich wie hier dargestellt bei verschiedenen Krängungen bis zum Extrem. Zunächst wird der aufrichtende Hebelarm GZ größer und die Yacht steifer − das bekannte Gefühl, wenn am Wind gesegelt wird. Wird sie aber niedergedrückt, so daß der Mast parallel zur Wasseroberfläche weist, dann ist GZ immer noch groß, hat aber abnehmende Tendenz, wenn das Boot weitergekrängt wird. (Katamarane und Boote ohne Ballast verhalten sich ganz anders, verlieren bei etwa 90° alle Stabilität für immer.) Ein dänisches Fischerboot verlor bei einem Versuch seine Stabilität bei 70°. Zwar kommen bei ihm solche Krängungen in der Praxis nicht vor.

Die Yacht-Kurven zeigen, daß bei einem Winkel um 130° von der Senkrechten die Stabilität negativ wird und die Yacht weiterdreht bis kieloben. Bei Krängungen zwischen 70° und 130° kämpft sie ums Wiederaufrichten und kommt wieder hoch, wenn nicht ein nachfolgender Brecher sie durchkentert. Die Stabilitätskurven sind von Konstruktion zu Konstruktion verschieden, und die Eigner sollten sich schon dafür interessieren, ob sie

Ein schmaler Rumpf und ein Decksaufbau können negative Stabilität verhüten.

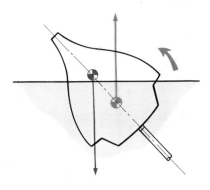

es mit einer guten oder schlechten Kurve bei ihrem Boot zu tun haben. Bei einem sehr breiten und flachen Spant wird vom kritischen Punkt an die negative Stabilität plötzlich groß und hält das Boot dann in Kielobenlage fest (eine Planke liegt auch umgedreht stabil). Ein voluminöser Aufbau verkürzt den negativ stabilisierenden Hebelarm, denn wenn er eintaucht, bringt er zusätzliches Verdrängungsvolumen ein. Theoretisch legt der Aufbau den Schwerpunkt höher und hat eine erwünschte Wirkung erst, wenn er bei einem Knockdown eintaucht. Untersuchungen an der Universität Southampton haben gezeigt, daß Yachten mit Aufbau keine Neigung haben, auf dem Deck liegenzubleiben,

wohl aber die Glattdecker heutiger „schneller" Bauart.

Was tun, wenn die Yacht auf dem Rücken liegt? Die Crew unter Deck kann nur versuchen, Gewicht und sich selbst zur Leeseite zu trimmen. Vielleicht hilft dann ein weiterer Brecher gegen den Kiel. Damit kommen wir zum Unterschied zwischen statischer und dynamischer Stabilität, die ein wichtiger Bestandteil in der Sicherheit eines schnellen Kreuzers ist. Die Stabilitätskurve ist in glattem Wasser eines Hafenbeckens gemessen worden. Das Wesen der dynamischen Stabilität ist nicht so gut bekannt. Wie genau wissen wir, was geschieht, wenn es plötzlich dunkel ist und die Welt sich um 90° oder 180° gedreht hat? Wenn

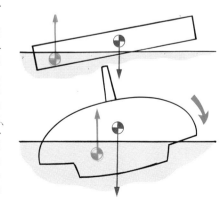

Erläuterung, warum breite, flache Rümpfe Kielobenstabilität ähnlich einem Brett haben können.

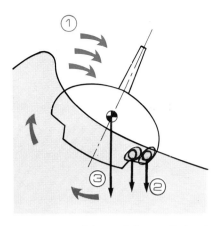

Wie man Kielobenstabilität aufhebt: 1 Kamm oder Brecher einer See. 2 Gewicht der Crew. 3 Yachtschwerpunkt (ohne Crew).

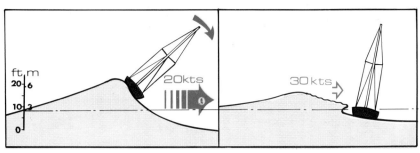

Zwei Brecher dicht bei einer Yacht. Der erste entspricht Station B in der Darstellung unten und wird 1/2 s später zu brechen beginnen, Geschwindigkeit 20 kn. Das zweite Bild entspricht Station E, wo das Wasser des gebrochenen Kamms 30 kn schnell ist.

wir's nicht wissen, können wir den Normalzustand nicht wiederherstellen; nicht mal wenn das einfach wäre. Man lernt immer dazu; Yachtkonstrukteure und Forscher sind aufgerufen.

Wenn der Sturm heult, bildet sich ein Seegang nach Zufallsmuster, und unter den Wellen aller möglichen Größen sind einige viel steiler als eine übliche Welle. Die Vorderseite ist steil genug zur Bildung eines scharfen Kammes, der beim Brechen eine höhere Geschwindigkeit als die Welle hat. Viel hängt davon ab, in welchem Stadium des Brechens die Yacht getroffen wird. D. J. Jordan vom Massachusetts Institute of Technology (MIT) hat diese Theorie mit Modellen untersucht und unterstreicht, daß statische Stabilität in einem solchen Falle wenig Wirkung hat. Der Brecher treibt eine 9,00 m lange Yacht mit 13 kn nach Lee und kentert sie mit einer Winkelgeschwindigkeit von 60°/s. Die Crew vermeint einen Wasserfall zu hören und zu sehen. Die Untersuchungen bestätigten auch die schon eingangs gemachte Feststellung, daß schwere See und Schiffsgröße in Zusammen

Ablauf eines Brechers in tiefer See (nach Jordan). Zwischen den Stationen A...F vergehen jeweils halbe Sekunden.

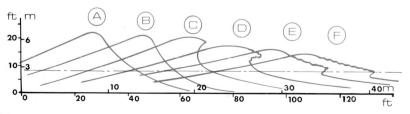

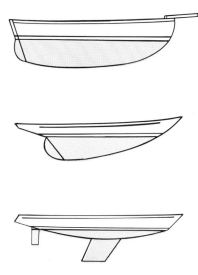

Diese drei Yachttypen reagieren auf einen Knockdown in ziemlich gleicher Weise. Von oben nach unten: Langkieler 1927, Hochseerennyacht 1950, Hochseerennyacht 1980. Das Wiederaufrichttempo hingegen kann – wie erläutert – sehr verschieden sein.

Nebel!

hang stehen. Um ein 9,00 m langes Boot zu kentern, bedarf es eines 6,00 m hohen Brechers, und für ein 24,00 m langes Boot muß es ein 12,00 m hoher Brecher sein. Die Kraft für die größere betrüge das Achtfache der Kenterkraft für die kleinere Yacht. Jordan fand bei seinen Untersuchungen auch einiges über Konstruktionsmerkmale, die besonders anfällig für Knockdowns sind. Leichtdeplacement bei gegebener Größe wurde schneller beschleunigt und leichter beschädigt. Hoher Freibord bietet dem Brecher große Angriffsfläche; vergleiche das zum Vorteil bei statischer Krängung. Ein Flossenkiel hat gegenüber Langkielen, die das Boot im Wasser fester halten und stolpern lassen, einen leichten Vorteil. Große Breite machte keine Unterschiede. Es wurden drei sehr unterschiedliche Konstruktionen getestet: eine mit sehr langem Kiel aus dem Jahr 1927, ein Langkieler von 1950 und ein 1981er Modell. Kein Boot zeigte besonderen Widerstand gegen Knockdowns, was mit der eingangs aufgeführten Tabelle von gekenterten Yachten übereinstimmt.

Jordans Versuche waren dynamischer Art, aber wenn die Yacht einmal auf die Seite oder aufs Deck gedreht worden ist, dann kommt es wieder auf ihre statische Stabilität an, egal wie das Wasser aussieht.

Nebel

Früher oder später gerät jede Fahrtenyacht einmal in Nebel, der meist als gleich gefährlich angesehen wird wie schweres Wetter, nur ist Nebel nicht so unerbittlich. Die See ist meist ruhig, der Wind leicht, und der Navigator hat seine Erfolgserlebnisse, wenn die erwartete Tonne aus der Suppe auftaucht. Der Klang der Nebelsignale hat etwas Nostalgisches und ist für viele eng mit ihrer Vorstellung von Seefahrt verbunden.

Wenn sich die Sicht auf eine halbe Meile verschlechtert hat, spricht man von Nebel. Manche Gebiete gelten als nebelreich, so die Neufundlandbänke, wo der warme Golfstrom auf den kalten Labradorstrom trifft, manche als nebelarm wie die Bahamas. Wasser-

dampf ist ein unsichtbares Gas und in der Atmosphäre mehr oder weniger immer vorhanden; wird es abgekühlt, kondensiert es zu feinen Tröpfchen, die das Licht brechen und streuen, wodurch sie sichtbar werden und die Durchsicht behindern. Die Wetterkunde unterscheidet Nebelarten nach ihrer Entstehungsweise, aber solche Kenntnis ändert nicht viel an der mehr oder minder schlechten Durchsichtigkeit von Nebel.

Manchmal kommt eine Nebelwarnung im Wetterbericht, aber oft kommt der Nebel ohne Anmeldung. Durch Messung der Wassertemperatur und Beobachtung, ob sie sich dem Taupunkt nähert, könnte man Nebel vorhersagen, aber wer macht sich schon die Mühe? Man muß immer darauf vorbereitet sein, in Nebel zu geraten. Ich lasse hier Professor Brian Lacey vortragen, was bei Nebel zu tun ist.

Der wichtigste Rat ist wohl, sich auf kürzestem Wege aus dem Großschiffahrtsweg zu stehlen, und das ist 90° zu dessen Kurs. Leider fährt die Großschiffahrt im Vertrauen auf ihr Radar zu schnell, und leider sind unsere Boote, wenn sie aus Plastik oder Holz gebaut sind und keinen großen, auf dem Masttopp fest montierten Radarreflektor haben, nur schwer auf dem Radarbild erkennbare Ziele. Mein Rat, im Sinne schneller Reisen keinen festen Reflektor zu fahren, ist, das darf ich nicht verschweigen, gefährlich. Zwar werden solche Reflektoren auch gelegentlich gesehen, aber erst auf eine Entfernung, die bereits zu kurz für ein sicheres Ausweichmanöver großer Schiffe ist. Bei Seegang vergrößert sich die Gefahr noch, nicht gesehen zu werden, weil die theoretische Sichtbarkeit in das Gebiet der Seegangstrübung, die Echos der Wellen rings um das Schiff fällt, und darin ist der Blip von unserem Schiff nicht zu unterscheiden, oder der Radarbeobachter hat den Seegang so stark ausgeblendet, daß auch das Echo von unserem Boot ausgedreht worden ist.

Wer den Ehrgeiz hat, trotzdem das Äußerste an Fahrt auf seinem Törn herauszuholen, der wird sich mit dem fest montierten Reflektor nicht anfreunden wollen. Dann soll er aber den Oktaederspiegel wenigstens in der „Regenfangstellung" hissen, also mit einer hohlen Ecke himmelwärts. Wer ihn Spitze nach oben hißt, was viele tun, weil's einfacher ist und netter aussieht, kann ganz sicher sein, daß das Ding kein Echo zur Radarantenne zurückwirft. Der Reflektor soll sich auch nicht drehen.

Kursänderungen zum Ausweichen sollten auf keinen Fall kleiner als 60° sein, besser sind 90°, sonst sind sie auf dem Radarbild eines schnellen Schiffes nicht erkennbar. Und noch eins: Ausweichen nach Backbord ist immer gefährlich. Weil die meisten Segler kein Radar haben, können sie sich gar nicht vorstellen, mit welchen Schwierigkeiten Radarbeobachter zu tun haben.

Nebelstrategie und -taktik

Vor dem Auslaufen

Ein Kompaß bekannter Deviation, ein zuverlässiger Funkpeiler und Funkfeuerliste, Echolot, neue Karten großen Maßstabs, Leuchtfeuerverzeichnis, Tidentafeln sind offensichtlich höchst wichtig in Booten ohne Radar. Ein wirksamer Radarreflektor und Radar-Warnmelder haben eine dem Schiffsverkehr proportionale Bedeutung. Ein Log, UKW-Empfänger, Liste der Küstenfunkstellen, Nebelhorn und ein leiser Motor gehören zur wünschenswerten Ausrüstung. Schwerhörige Alleinsegler sollten ihr Hörgerät tragen oder sich eins anschaffen.

Unterwegs

Ein kluger Skipper wird immer loggen, loten und ausschauen und nicht aufhören zu koppeln, wird keinen Wetterbericht verpassen und hat den Motor so in Schuß, daß er sofort anspringt. Wenn es zum Landfall kommt, weiß er wie der Strom setzt und der Tidenstand ist.

Wenn Nebel angesagt ist

Segelplanung wenn nötig so ändern, daß der Törn nicht durch Felsen, Riffe und Sandbänke führt, besonders dort nicht, wo Querströme setzen und starker Stromkabbel herrscht. Wenn möglich, Schiffswege mit starkem Verkehr meiden. Motor starten und Batterie aufladen, damit Energie für Decca, Loran und sonstige Elektronik vorhanden ist.

Wenn die Sicht sich verschlechtert

Vor- und Nachteile aller Möglichkeiten sofort abwägen. Ist man in gefährlichem Revier, muß rasch entschieden werden. Sofort stilliegen und abwarten, wenn man außerhalb des Schiffswegs ist oder den Kurs ändern, um aus ihm herauszukommen; am besten Wassertiefen wählen, die für Großschiffe zu flach sind. Eigene Position so gut wie nur möglich feststellen, ebenso die Positionen und Kurse anderer Schiffe und sichtbarer Gefahren, die noch zu erkennen sind.

Taktik im Nebel

a) Laufe sofort zu einem Seezeichen, solange es noch sicht- oder hörbar ist, zur sicheren Identifizierung und um festzustellen, ob und wie Strom setzt.

b) Schalte den Radarmelder ein und, falls vorhanden, das Radar.

c) Behalte das Echolot im Auge.

d) Radarreflektor setzen, falls das nicht schon geschehen ist.

e) Horchen – wenn der Motor läuft, ihn immer mal für eine Weile ausschalten, um Schiffe, Nebelsignale, Brandung (!) zu hören.

f) Nebelhorn nur betätigen, wenn Kleinschiffe in der Nähe sind oder vermutet werden.

g) Starre nicht in den Nebel, sondern ein Rundblick alle 2 Minuten.

h) Halte den Anker klar zum Fallen in der Nähe von Bänken, Riffen, starken Strömungen, ganz besonders ohne Motor und ohne Wind.

i) Segele, solange noch ein Wind

weht, aber prüfe, ob der Motor sofort einsatzbereit ist.

j) Ist ein Radarmelder vorhanden, ziele mit ihm, je nach Verkehrsdichte, in nicht zu langen Abständen rings um den Horizont.

k) Schätze die Sichtweite nach Zeit und Geschwindigkeit, bis eine Tonne oder sonstwas verschwindet.

l) In der Nacht die Dunkeladaption der Augen bewahren (nur Rotlicht!). Halogen-Handscheinwerfer (50...100 W) bereithalten, ihn im Notfall auf die Brücke des Schiffs richten und morsen: − · · (D) (halten Sie klar, ich manövriere mit Schwierigkeit). Beim Suchen nach (fluoreszierenden) Tonnen bedenken, daß das Licht für 5 min das Nachtsichtvermögen unterbricht.

m) Am Wind nicht voll und bei, sondern einen Kurs, der ein exaktes Koppeln ermöglicht, segeln.

n) Prüfe relevante Ströme, Lotungen, Feuer, Nebelsignale und Hindernisse in Kursnähe nach der Karte.

o) Notiere alles in die Wachkladde, trage die Gißörter laufend mit realistischen Ungewißheitskreisen ein.

p) Freiwächter wecken, Schwimmwesten anlegen, Rettungsinsel einsatzklar machen, alle Mann/Frau an Deck.

q) Nutze alle erreichbaren Funkpeilungen und UKW-Feuer (nur GB) zur Ortung. Vorsicht bei Decca in Dämmerung und Nacht!

r) Vorsicht bei Zielfahrten auf Funkstrahlen, gehe rechtzeitig auf den besseren Bug.

s) Steuere nicht direkt auf ein Nebel- oder Lichtsignal zu, halte es spitz über dem besseren Bug.

t) Erinnere dich an die kurze Reichweite von Schallsignalen beim Segeln vorm Wind und bei sehr warmem Wetter.

u) Denke an die Möglichkeit, durch Aufsteigen in den Mast aus dem Nebel herauszukommen und auch besser zu hören.

v) Erscheint ein stummes Seezeichen nicht zur erwarteten Zeit, segele oder motore erst ein Viereck von etwa zwei Sichtweiten Kantenlänge, dann eins von vier und eventuell noch eins von acht Sichtweiten, um es zu suchen.

w) Nähere dich Küsten und Bänken im Winkel von 30° statt mit 90°, wo immer das möglich ist.

Nebelstrategie

Zu seiner Erleichterung sei man sich klar darüber, daß man beim Segeln nie verpflichtet ist, Kurs und Absichten beizubehalten. Es gibt immer Alternativen, die sich generell zwar auf sieben beschränken und nicht immer alle zur Auswahl stehen:

a) Weitersegeln wie bisher.

b) Änderung des Reiseziels und entsprechend des Kurses.

c) Abwarten und ankern oder beiliegen, mit Motor hin und her oder enge Kreise fahren, Wind ungefähr dwars, in der Nähe eines erkannten Seezeichens bleiben.

d) Ausweichen zu einem Platz, der günstig fürs Abwarten ist, z. B. in flacheres Wasser bei ablandigem Wind, sonst hinaus nach See, wo kein Fahrwasser ist.

e) Einem langsam fahrenden Schiff mit Radar folgen, über dessen Bestimmung man sich erkundigt hat.

f) Umkehr zum Abfahrthafen.

g) Hilfesuche auf der Schiff-Schiff-Frequenz oder Kanal 16.

Zu was man sich auch entschlossen hat, man muß alles neu überdenken, wenn die Lage sich ändert.

Was das Handeln bestimmt

Die bestimmenden Faktoren lassen sich wie folgt ordnen:

a) Qualität der einsetzbaren Navigationshilfen. Loran und Decca können viele der vorstehenden Maßnahmen überflüssig machen. Aber Loran ist kein Ersatz für Radar, noch weniger Decca. In Küstennähe darf der angezeigte Schiffsort nicht blindlings als zuverlässig geglaubt werden.

b) Das Vorhandensein von Risiken, besonders Schiffsverkehr, der gekreuzt werden muß, um das Ziel zu erreichen.

c) Leichtigkeit häufiger Ortsbestimmung auf dem Wege zum Ziel.

d) Einfachheit bei Ansteuerung eines sicheren Warteraums.

e) Dichte und vermutliche Dauer des Nebels (Warmfrontnebel ist bald vorbei).

f) Welche Häfen und Ankerplätze in näherer Umgebung sind leicht anzusteuern? Dieser Faktor verlangt wohl die genaueste Analyse stehender und veränderlicher Einzelheiten.

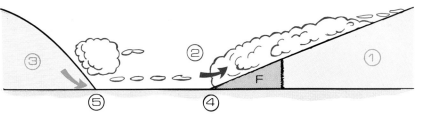

Schnitt durch ein Tiefdruckfrontensystem. (1) ist kalte Luft. F ist Nebel, wo warmer Regen in kalte Luft fällt und der Wind zunimmt. (2) Warmluft, (3) Kaltluft, (4) Warmfront, (5) Kaltfront.

Vor manchen Küsten mit Verkehrstrennung für die Großschiffahrt ist dichter unter der Küste ein Streifen für Klein- und Küstenschiffahrt reserviert, so bei den West- und Ostfriesischen Inseln und in der Straße von Dover, doch in ersterem Revier kratzen Großschiffe schon mal die Kurve (Terschelling), und in letzterem herrscht reger Fährverkehr.

Die Sicherheit steckt im Detail

Erfolg bei der Bewältigung schwieriger oder gar gefährlicher Situationen, wie Mann über Bord, Feuer, Kollision, Pannen und Verletzungen, hängt ungeheuer davon ab, wie vorbereitet man ist, und Vorbereitung heißt, Beachten aller Details. Details sind keine Nebensächlichkeiten. Viele gut vorbereitete Dinge ermöglichen, mit Mißgeschicken fertigzuwerden. Ich verhehle nicht, ein Hosenträger-plus-Gürtel-Mann zu sein, was indes nicht bedeutet, mein Boot mit Ersatzteilen zu überladen.

Nach Übernahme einer neuen Yacht bemerkte ich unter anderem, daß der Herd bei 40° Lage gegen die Bordwand stieß. Die Lager der Pendelzapfen waren stark, aber oben offen. So bohrte ich schnell Löcher hindurch und steckte Splinte hinein, damit der Herd nicht aus den Lagern springen konnte. Im Fastnet 1979 flogen bei einigen Booten des gleichen Typs, die gleich mir an der Regatta teilnahmen, die Herde aus der Halterung und ver-

letzten einige Leute sehr übel und richteten allen möglichen Sachschaden an. Die Phantasielosigkeit mancher Fabrikanten ist erstaunlich,·worauf man vorbereitet sein muß.

Von den hier aufgezählten wichtigen Details stammen einige aus den Sicherheitsrichtlinien des Offshore Rating Council (ORC) und beruhen auf den mit den Jahren gewonnenen Erfahrungen aus Schäden, die klug machen. Da sich die Regattakomitees aber international darauf geeinigt haben, darf man getrost annehmen, daß vieles den kleinsten gemeinsamen Nenner darstellt. Es handelt sich um Minimalrichtlinien. (Die Kreuzer-Abteilung des Deutschen Segler-Verbandes geht da etwas weiter.) Es ist natürlich so, daß der eine Eigner Teil A als überflüssig ansieht und lieber etwas mehr Geld für die Sache B anlegt, die er für wichtiger hält, und mancher wird die ganzen ORC-Richtlinien für viel zu teuer halten — was ihm freisteht, denn verbindlich sind die Richt-

linien nur für Teilnehmer an Hochseeregatten. Da wird vor dem Rennen gecheckt, was wir jetzt auch tun wollen.

Checkliste Rumpf und Deck

Klassifikationsgesellschaften geben für Einzel- und Serienbauten, deren Bau sie überwacht haben, Zertifikate aus. Es sind Lloyd's Register, Bureau Veritas, Germanischer Lloyd. Das American Bureau of Shipping hat zusammen mit dem ORC den „Guide for Building and Classing Offshore Racing Yachts" herausgegeben. Ich glaube nicht, daß Rennyachtkonstrukteure in ihrem Bestreben, eins voraus und besonders leicht zu sein, sich einen Deut um diese Broschüre kümmern, aber es ist eine gute Anleitung für den Bau schneller Kreuzer. Die 57 Seiten und jeweiligen Ergänzungen befassen sich mit Baumaterialien, deren Anwendung, Befestigungen, Al-

Es gibt eine Reihe internationaler Sicherheitsregeln, die für Fahrtensegler jedoch nur Empfehlungen darstellen; verbindlich sind sie für Teilnehmer an Hochseeregatten und beispielsweise für Staatsbürger Frankreichs und Italiens. Außerdem gibt es konstruktive Empfehlungen (Normen) der Bootswirtschaftsverbände (ICOMIA) und der Klassifikationsgesellschaften, wie Lloyd's, Germanischer Lloyd, Veritas, RINA.

Beplattungen, Stahl und Holz, Aussteifungen, Rudern und Ruderstöcken (ausführlich), Luken und Fenstern (sehr skizzenhaft).

Die Auflistung meines Rumpfes, Decks und Riggs steht in der Tabelle auf der nächsten Seite. Hervorzuheben sind da einige Punkte. Das Bilgewasser sammelt sich in einer Senke über dem Kiel, wo es leicht abgepumpt werden kann, denn in einem flachen Rumpf ist die kleinste Menge Wasser ein Elend. Auch mit der Mechanik der Ruderanlage sollte man vertraut sein, und eine ausführliche Zeichnung ist eine besondere Freundlichkeit der Werft. Wenn da Geräusche oder Vibrationen auftreten, muß einer sich mit der Sache kompetent befassen können, muß wissen, auf welche Weise der Ruderstock gegen Herausfallen gesichert ist, welche La-

gerpassung und Abmessungen vorgesehen sind, wie Pinne und Ruderstock verbunden sind und – daran denkt kaum einer – welche Gewindeart die Befestigungsschrauben haben. Das muß in Detailzeichnungen und Memos zur Information an Bord sein.

Naßzellen, Plastikschalen zum Innenausbau – die Bootsausstellungen stehen voll damit – können sich als verdammter Unfug erweisen, wenn man ein Leck stopfen muß und wegen dieser modernen Technologie nicht an das Leck heran kann. Eine Yacht hatte bei einem Knockdown eine Menge Wasser eingenommen. Danach war die wild ösende Crew verzweifelt, weil das Wasser im Schiff nicht sinken wollte. Es war aber kein Leck, es lief aus all den Plastikverschalungen, -schüben und -schapps nach.

Schalter für die Maschine einschließ-

lich des Anlasserschalters gehören unter Deck, nicht in die Plicht, wo nur der Gas/Schalthebel hingehört, und zwar in eine Nische, damit sich Schoten und andere Leinen nicht an ihm verfangen. Seehähne gehören zu den wenigen Dingen, die man auf See nicht auseinandernehmen und inspizieren kann (einen Propeller schon, wenn das Boot buglastig getrimmt wird). Im Winter inspizierte, frisch mit Seehahnfett geschmierte Seehähne tun es eine Saison lang. Splinte aller Größen verwahre man in einer wasserdichten Dose an bekannter Stelle, in die man auch anderes Kleinzeug tut. Steckbolzen mit Ringsicherung sichert man besser mit einem Splint; die Ringe verbiegen sich und drehen sich dann heraus. Splinte nur einmal verwenden.

Der Saugkorb der Bilgepumpe sollte dort liegen, wo sich das Bilgewasser sammelt, was bei modernen Flachbodenrümpfen eigentlich zwei Saugkörbe verlangt und dazu einen Umschalthahn.

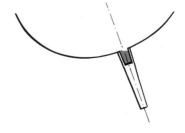

Sicherheitsregeln für Fahrtensegler

Diese Aufzählung beruht zum größten Teil auf einer von Roderick Stephens gemachten Liste.

Rumpf

1. *Die Steuerung* muß leichtgängig, aber fest und spielfrei sein. Bei der Werft auf perfekter Erledigung beharren.
2. *Bilgeentwässerung.* Eine irgendwo im Boot ausgekippte Tasse Wasser muß in kurzer Zeit an der tiefsten Stelle der Bilge zum Abpumpen erscheinen.
3. *Markierungen* vorne und hinten in Schiffsmitte bis etwa 15 cm über L_{WL} sind eine gute Hilfe beim Eintrimmen der Yacht.
4. *Die Propellerwelle* sollte innen markiert sein, damit der Propeller in die Stellung geringsten Widerstandes gedreht werden kann.
5. *Die Wellenblockierung* sollte aus einem Bronze-Scherstift oder einer Kralle bestehen, mit der die Kupplung am Getriebe stillgesetzt wird, aber so, daß die Sperre schnell lösbar ist. Eine Bremse empfiehlt sich nicht wegen Feuergefahr durch schleifende Bremse.
6. Keine scharfen *Ecken* und *Kanten* auf und unter Deck.
7. *Bilgen* mit rauher Oberfläche sind kaum sauberzuhalten.
8. *Undurchdringliche Innenschalen* und -auskleidungen – viel zu häufig in GFK-Booten – müssen vermieden werden.
9. *Elektrische Schalter* müssen vor Schwall- und Spritzwasser geschützt werden, auch wenn sie deswegen etwas schwerer erreichbar sind.
10. *Die Notpinne* sollte von Zeit zu Zeit mal aufgesetzt werden, um zu prüfen, ob sie noch paßt. (Gequollenes Holz, Rostkrusten?) Stört sie den Kompaß? Ein kräftiger Mann sollte mal probieren, ob sie harte Beanspruchung aushält.
11. Der Einlauf der *Cockpitlenzer* soll ein Kreuzgitter haben, das Gröberes zurückhält, aber den Durchfluß nicht zu sehr behindert. Dasselbe gilt für das Saugrohr von Membranpumpen.
12. *Rumpföffnungen.* Wasch- und Spülbecken dürfen nicht so tief installiert sein, daß sie bei Krängung voll Seewasser laufen. Die Einlaßöffnungen für Toilette, Motorkühlung usw. müssen so tief im Rumpf liegen, daß sie bei starker Krängung nicht austauchen. Die *Auspufföffnung* soll oberhalb der Wasserlinie am Heck liegen, auch wenn das Heck bei schneller Fahrt tiefer eintaucht. *Seehähne* oder -ventile müssen an allen dauernd oder zeitweise unter Wasser liegenden Rumpföffnungen vorhanden und leicht erreichbar sein. Die Ableitung der Lenzpumpe soll einen bis unter Deck geführten Schwanenhals und einen Austritt hoch über der Wasserlinie, am besten mittschiffs, haben. Der *Atmer* des Brennstofftanks sollte mittschiffs am Heck herausführen, der des Wassertanks innen über ein Becken mit Ablauf, damit Überlauf beim Füllen ablaufen kann.

Deck und Rigg

1. *Zeisinge und Bändsel* kann man nicht genug haben und verwahrt sie in leicht erreichbaren, farbigen Beuteln.
2. Bei weit ausgefiertem Baum darauf achten, ob nicht Beschläge oder Gerät am Lümmel oder Baumniederhalter eingeklemmt werden, wodurch gefährlich große Kräfte in den Gelenken entstehen können.
3. *Splinte* sollten unterm Kopf auf anderthalb Durchmesser des Steckbolzens, den sie sichern, geschnitten werden, und die Schnittstelle ist mit einer feinen Flachfeile zu schlichten. Sie sollten nur leicht gespreizt, nicht ganz umgebogen werden. Wo das nicht reicht, ist die Verbindung mit Klebeband zu bekleiden.
4. *Bitterenden.* Alles laufende Gut und die Ankertrosse müssen so gesichert sein, daß sie nicht ausrauschen können, gleich ob angeschäkelt, belegt oder mit einem Achterknoten im Tampen.
5. *Licht- und Antennenleitungen* sollten nicht auf Deck mit (nur angeblich) wasserdichten Steckverbindungen angeschlossen werden. Die Leitungen müssen durch das Deck geführt und unter Deck angeschlossen werden. Kontakte auf Deck korrodieren erfahrungsgemäß immer. Keine Anschlüsse am Mastfuß, dort werden sie zu leicht beim Auf- und Abtakeln beschädigt. Leitungen durch ein längliches Loch aus dem Mast führen. Im Winterlager schiebt man sie ins Mastinnere zurück und fischt sie zu Saisonbeginn wieder heraus.

Wenn all die kleinen Defekte, die während einer Reise so auftreten und behelfsmäßig behoben werden, später gründlich repariert oder verbessert werden sollen, muß man sie gleich im Logbuch notieren, sonst sind sie später im Hafen vergessen. Aus dem Logbuch zieht man dann eine Reparaturliste.

6. *Eine Ölkanne* muß immer bereitstehen, um Spinnakerriegel, Lümmelgelenke, Schnappschäkel und sonstige Kleinmechanik gängig zu halten und vor Salzverkrustung zu bewahren.

7. *Bootsmannsstuhl.* Wenn er an Bord fehlt, enden alle Reparatur- und Richtmöglichkeiten in etwa drei Meter Höhe über Deck; ebensogut könnte man auf einer Motoryacht den Maschinenraum abschließen und den Schlüssel über Bord werfen. Die Stropps des Stuhls müssen kurz sein, damit der Mann den Masttopp noch mit der Hand erreichen kann, wenn die Heiß zu Blocks kommt. Das Heißauge muß so beschaffen sein, daß die Schäkel aller Fallen angeschlagen werden können. Das Sitzbrett nicht lackieren, die Stropps müssen bekanntlich unter dem Brett verspleißt werden, damit sie den Mann halten, wenn es bricht.

8. *Klappernde Fallen* gehen jedem im und am Hafen auf die Nerven. Wer nicht mag, daß Fremde sein Boot entern, der sorgt dafür, daß die Fallen nicht an den Mast schlagen.

9. *Die Sturmfock* muß man wenigstens einmal gesetzt, geschotet und wieder weggenommen haben, bevor der erste Sturm die Yacht überfällt. Aber eine frische Brise sollte zu dem Versuch schon wehen, damit erkennbar wird, ob es an irgendwas noch hapert. Oft ist das Vordeck prima für die Genua eingerichtet, aber nicht fürs Fahren einer Fock; Leitschienen führen nicht richtig, Klappblöcke springen auf, läuft die Schot innen oder außen von den Wanten? Passen die Vorlieken aller Segel in die Keep des Profilstags?

10. Man schicke nach jedem rauhen bis schweren Törn einen kundigen Mann nach oben in den Mast, um die Beschläge und ihre Befestigungen nach Haarrissen, stumpf aussehenden Oberflächen an Biegestellen und Lochausweitungen abzusuchen, denn solcher Befund kündigt Ermüdungsbrüche an. Die Kontrolle führt dann weiter zu Spannschrauben, Rüsteisen, Drähten und Terminals, Befestigungen in Holz, Schweißnähten in Stahl oder Aluminium. Alle Stellen, an denen etwas in faserverstärktem Kunststoff verankert oder an ihm festgemacht ist, suche man nach Haarrissen ab, die von zu hoher Beanspruchung zeugen.

11. Hat das Boot einen Flossenkiel, dann muß man nach längerer Reise und selbstverständlich nach jeder Grundberührung an der Wurzel der Flosse prüfen, ob sich dort Risse gebildet haben oder Füllspachtel ausgebrochen ist. Das kann man provisorisch mit Tauchmaske unter Wasser tun, aber Haarrisse sind so meist nicht zu erkennen.

Saubere Naßraumschale, aber versperrt sie Bilge-Inspektion und eventuelle Leckdichtung?

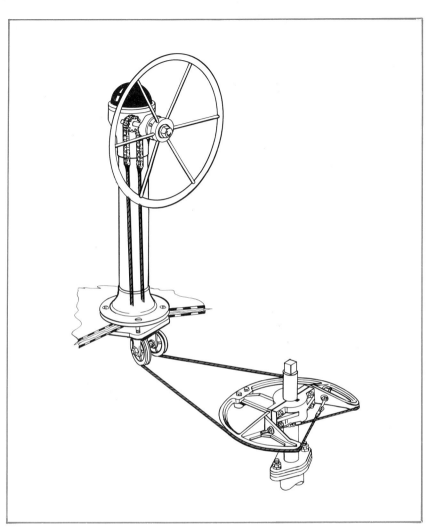

Höchstwichtiges Kleinzeug an Bord: Splinte, Bindedraht, Weichholzkegel, Steckbolzen mit Sicherungsringen, Winschenpalls mit Feder, Paßfedern für alle Rad-Wellen-Verbindungen, O-Ringe im Größensortiment.

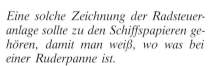

Eine solche Zeichnung der Radsteueranlage sollte zu den Schiffspapieren gehören, damit man weiß, wo was bei einer Ruderpanne ist.

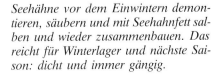

Seehähne vor dem Einwintern demontieren, säubern und mit Seehahnfett salben und wieder zusammenbauen. Das reicht für Winterlager und nächste Saison: dicht und immer gängig.

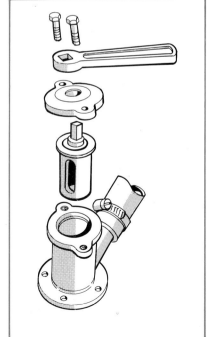

Eine Markierung innen auf der Welle verhütet, daß man mit solcher Faltpropellerstellung segelt. Es gibt aber auch Faltprops, bei denen das nicht vorkommen kann.

Hafenroutine

Alle richtige Ausrüstung ist nutzlos, wenn sie nicht funktioniert oder − das ist wahrscheinlicher − erst gar nicht ausprobiert worden ist. Die Richtlinien sagen, die Ausrüstung solle a) richtig funktionieren, b) sofort greifbar und c) dem vorgesehenen Gebrauch und der Größe der Yacht angemessen sein. Das meiste davon kann man in normale Ausrüstung und in Notausrüstung einteilen. Die Reling gehört zur normalen, die Sicherungsleine zur Notausstattung. Ich mag den Ausdruck „Sicherheit" hier nicht, denn das ganze Konzept aus Boot, Ausrüstung und Crew soll sicher sein. Dieses oder jenes Ausrüstungsstück zu haben, macht die Yacht nicht sicherer.

Bei regelmäßigem Segeln muß von Zeit zu Zeit ein Drill dafür sorgen, daß Routinen entstehen und nicht mehr verkommen. Einiges haben wir schon erwähnt: Nebel, Vorbereitung auf schlechtes Wetter. Hier die Routine vor Verlassen des Hafens und bei der Rückkehr. Vor dem Auslaufen zu kürzeren oder längeren Reisen scheinen tausend Dinge zu erledigen zu sein. Jeder Skipper hat da seine eigene Liste, und es wäre witzlos, hier jede Möglichkeit aufzuzählen. Offensicht-

lich muß der Wasservorrat aufgefüllt werden, dazu einige Kanister für den Fall, daß eine Leitung bricht, dazu Wasserentkeimer, damit Tanks und Leitungen sauber bleiben. Brennstoff für Motor und Herd müssen aufgefüllt werden, die Batterie aufgeladen sein. Der Navigator muß prüfen, ob sein Kartenstell für die Reise komplett ist − das macht er am besten zwei Wochen vor dem Auslaufen, weil manchmal nicht alle Karten sofort zu haben sind, und sortiert sie dann auch gleich entsprechend dem Reiseplan.

Wichtig ist, zu prüfen, ob die Reparaturen in der Liste der letzten Reise auch alle ausgeführt worden sind − manchmal stehen welche nur in der Rechnung. Mir hat man ein Segel nur an einer Stelle geflickt, an vier anderen Stellen nicht. Sind auch alle zur Reparatur an Land gegebenen Segel wieder an Bord zurückgekommen? Und das andere Zeug? Die CO_2-Patronen für die Schwimmwesten? Jeder der Crew muß selbst sehen, daß seine Kleidung und sein Kojenzeug vollständig ist. Bei Neulingen sollte sich jedoch der Skipper darum kümmern. Zum persönlichen Zeug gehören nach meiner Meinung auch Pillen gegen Seekrankheit und Kopfschmerzen und Sonnenschutz. Die Bordapotheke ist für Sonderfälle.

Während des Auslaufens wird der Loggegeber ausgefahren (und gereinigt, wenn er's nicht tut). Elektrik, Lampen und Elektronik sind zu prüfen, ehe die offene See erreicht wird. Prüfe, ob alles laufende Gut richtig geschoren ist, die Festmacher aufgeschossen und ordentlich weggestaut sind. Sprühöl ist gut für einen Haufen beweglicher Teile, aber nicht ausreichend für Zahnräder von Winschen und hochbelastete Lager (Ruderhalslager). Ist der Motor abgestellt, die Propellerwelle so drehen, daß der Faltpropeller keinen Flügel hängen lassen kann.

Zurück im Hafen

Beim Auslaufen ist die Crew an Bord und kann Vergessenes, wenn auch nicht alles, unterwegs noch nachholen. Macht die Yacht im Hafen fest, ist die Crew meist schnell von Bord, und das Boot bleibt bis zum nächsten Wochenende oder Monat allein. Hier sichert nur eine Checkliste, daß alle nötigen Punkte erledigt und abgehakt werden − eine typische steht in der nächsten Spalte; sie darf nach Bedarf erweitert werden. Auf keinen Fall darf vergessen werden: HAUPTSCHALTER AUS! SEEHÄHNE ZU (ausge-

Checkliste für die Rückkehr in den Heimathafen. Posten für Posten durchgehen, damit zum nächsten Törn alles repariert und in Ordnung ist.

Ist die Defektliste aus dem Logbuch auf den Werftzettel übertragen?
Ist eine Grundberührung oder andere Havarie vorgekommen, die inspiziert werden muß?
Sind Schamfilstellen im laufenden Gut? Alle Segel perfekt in Ordnung?
Ist der Bootsboden sauber genug oder muß geschrubbt werden?
Ist das stehende Gut in Ordnung und richtig gespannt?
Sind alle Fittings gesund, Schnappschäkel gängig?
Alle Winschen und Blöcke gängig? Muß geschmiert werden?
Was ist verloren oder entzweigegangen? Ersatzliste aufstellen.
Batterien nachladen? Positionslichter in Ordnung? Instrumente und deren Beleuchtung? Kajütsbeleuchtung?
Müssen Karten getrocknet werden?
Ist das richtige Kartenstell für den nächsten Törn an Bord?
Ist ausreichend Wasser und Brennstoff an Bord?
Anweisungen an die Crew erteilt?
Sind die verderblichen Lebensmittel von Bord? Ist neue Provantierungsliste aufgestellt?
Müssen die Segel getrocknet (gewaschen) werden?
Achterstag gelockert?
Alle Lüfter offen?
Logimpeller eingezogen?
Bilge trocken?
Seehähne dicht? Hauptschalter aus?
Alle Luken und Niedergang verschlossen?

nommen der für die Motorkühlung). BELÜFTUNG OFFEN. BILGE TROCKEN. LUKEN UND NIEDERGANG ABSCHLIESSEN!

Im Kollisionsfall und bei harter Grundberührung empfiehlt sich folgende Routine: Fahrt mäßigen oder stoppen, Segel kürzen oder streichen, solang die Position das erlaubt, sonst ankern. Bodenbretter anheben, prüfen ob die Yacht Wasser macht. Falls nicht, prüfe Ruder und Wellenanlage (von Hand drehen) und alle Rumpffittings unterhalb der Wasserlinie, besonders Loggegeber. Macht das Boot Wasser, Werkzeug und Weichholzstopfen klar und erforderlichenfalls Seenotsignale klar und Dringlichkeitsruf („Pan Pan Pan") oder Notruf („Mayday") nach Mustertext vorbereiten. Damit soll man nicht zu lange warten, andererseits aber auch erst damit beginnen, wenn man genau über Art und Schwere des Schadens Bescheid weiß. Den Überstieg in die Rettungsinsel wähle man als allerallerletztes.

Die Yacht ist sicherer und gemütlicher, auch wenn man bis zur Erschöpfung pumpen, ösen und reparieren muß.
Mann über Bord. Vorbeugen ist besser als retten. Sicherungsleine, ordentliche Reling, genug Handläufe, rutschfeste Decks – alles besser als ein entnervendes Rettungsmanöver mit der Schwierigkeit, den vor Kälte steifen Mann wieder an Bord zu bekommen, ehe er tot ist. Geschriebene Vorschläge sind Legion. Die es einmal im Ernst machen mußten, lernten mit Verwunderung bis zum blanken Entsetzen, wie schwierig alles im Ernstfall ist. Skipper verbiete unerbittlich das Pinkeln über die Heckreling; schicke sie alle aufs Klo – Sitzzwang, damit es sauber bleibt.
Passiert es doch, sofort die Boje mit Flagge und Blitzlicht hinterher (1). Boot auf scheinbaren Wind querab (2), einer hält den Schwimmer im Auge (oder die Boje), alle Mann an Deck, Kompaß beobachten (3), nach 180...200 m luve hart zur Wende (4)

Wiederfinden und Wiederaufnehmen eines über Bord Gefallenen richtet sich nach den Umständen; ein stets richtiges Manöver gibt es nicht. Das hier dargestellte ist im Text beschrieben.

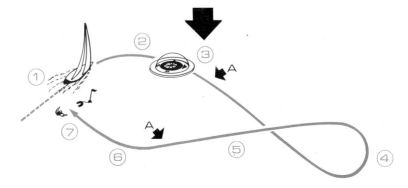

an und segele mit scheinbarem Wind quer zur anderen Seite (5) zur Unfallstelle zurück; Kompaß 5...10 Grad weniger als Gegenkurs. In der Nähe des Überbordgefallenen (6) kommt es darauf an, die Yacht durch Anluven dicht an ihn heranzuführen, so daß er in Lee des Schiffs kommt (7). Leute zum Greifen, eine kräftige Leine mit Palstek, Tampen belegt, müssen bereit sein, denn durch die Drift der Yacht wird der Verunglückte unters Schiff gezogen. Alle Kunst des Segelns wird verlangt – erst wenn das nicht geklappt hat, Segel weg und Motor an zum zweiten Versuch. Der erste Versuch unter Segeln geht schneller. Übt es bei warmem Wetter und Wasser mit einem ausgewachsenen Mann im Wasser.

Unfallverhütung

Der RORC hat für Seeregatten vier Seegebietskategorien geschaffen und für jede entsprechende Sicherheitsrichtlinien erlassen.

Kategorie 1 ist für Yachten, die ganz auf sich allein gestellt die Ozeane übersegeln und nicht mit schnell bereiter Hilfe rechnen können. Kategorie 2 ist die des Fahrtenseglers, der hinaus aufs offene Wasser geht, zwar im größeren Küstenbereich, aber durchaus auch ohne Landsicht. Viel mehr wird den Yachten für die Brüllenden Vierziger auch nicht angeraten. Vor allem wird zu einem nicht so geräumigen Cockpit geraten, und der Wasservorrat sollte in zwei getrennten, mit Schwallblechen versehenen Tanks aufbewahrt werden. Ein Stell Flaggensignale (lesen kann die keiner, sie sind auf Yachten zu klein) und 12 Signalraketen mit Fallschirm, statt der vier, und ein wasserdichtes Schott bei 15 % der Länge sehr großer Yachten hinter

dem Bug sowie eine EPIRB-Notfunkboje sind Sicherungsvorschläge *Jackstagen,* darunter werden heute auf Deck von vorn bis achtern gespannte Strecktaue (aus Edelstahldraht) verstanden, in die man den Karabiner der Sicherungsleine einpickt, sind jeder Kreuzeryacht zu empfehlen, nicht nur Weltumseglern. Man kann sich an diesem Stag von vorn bis achtern bewegen, ohne die Sicherungsleine lösen zu müssen. Im Hafen und binnen schäkelt man diese Stagen ab. Beim Niedergang außen sollten auch kurze Stagen sein, in die man den Karabiner einpicken kann, noch ehe man herauskommt; umgekehrt den Karabiner erst lösen, nachdem man sicher im Niedergang ist. Es wurden einige beim Aussteigen gleich von einer über Bord rauschenden See über Bord gewaschen. Manche Sicherungsgurte haben zwei Leinen mit Karabiner, so daß man eine befestigen kann, ehe man die andere löst. Meist ist ein Jackstag auf jeder Seite nötig und eins in Plichtmitte am Boden.

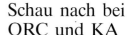

Schau nach bei ORC und KA

Die Kreuzer-Abteilung (KA) des Deutschen Segler-Verbandes (DSV) hat die ORC-Richtlinien in ihre Broschüre „Sicherheitsrichtlinien" übernommen und mit eigenen guten Ideen in Kursivdruck noch etwas bis beachtlich ergänzt für ihre Hauptkundschaft, die Fahrtensegler. Es werden auch Motorkreuzer bedient. Man kann bei der KA Einzelmitglied werden, was im Jahr weniger als 100 DM kostet. Als Mitglied wird man laufend informiert und bekommt viermal im Jahr die „Nautischen Nachrichten" der KA kostenlos. (Die deutsche Redaktion dieses Buches.)

Der ORC verlangt, daß schwere Gegenstände unter Deck so befestigt sein müssen, daß sie auch bei Krängung 180° an ihrem Ort verbleiben. Was ist schwer und gefährlich? Der schon erwähnte Herd, der Deckel zum Eiskasten, die Batterie(n), die zudem kieloben auch noch ihre Schwefel-

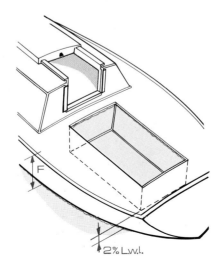

Cockpits von seegehenden Yachten sollten ein Volumen von 6 % des Produkts L_{wl} x B_{max} x Freibord haben. Für Küstenfahrt rechnet man 9 %.

Sichere Pantry mit Haltestange, Haltegurt für den Koch, Pendelkocher (aushebesicher), Eiskastendeckel mit Scharnier. Handig, aber unsicher: der Gashahn.

säure auskippen können. Es gibt jetzt wartungsfreie Batterien, die sich bei den Autos rasch einführen. Yachten bis 12 m Länge können sich mit diesen greifbaren kleineren Kapazitäten arrangieren, die auslaufsicher sind. Aber festgezurrt für 180° müssen sie immer noch sein, wie auch der Werkzeugkasten − eine Tasche ist nur wenig weicher, der Kasten aber besser zu zurren. Man kann nicht jeden Suppenteller zurren, aber in einen Schrank mit sicheren Zuhaltungen an den Türen kann man ihn verbannen, denn er kann ein verdammt gefährliches Projektil im Sturm werden. Vom ungebändigten Herd war schon die Rede. Ungezähmt können solch wuchtige Massen dem Schiff auch ein Leck von innen stoßen.

Der andere Schwachpunkt bei Yachten in schwerem Wetter ist der Niedergang. Er soll bis auf Wetterdeckshöhe geschlossen sein, damit nichts in die Messe oder Kajüte läuft, wenn die Plicht vollgeschlagen wird. Wie aber sieht die Praxis aus? Die Freiwache

unter Deck klagt über Mief und Seekrankheit da unten und läßt oben ein Steckschott offen; die unteren schwimmen bei den neuen Wasserständen im Cockpit auf, weil sie entgegen gutem Rat nicht einzeln gesichert sind, und die Messe ist voll, die Plicht aber lenz. *Merke Freiwache:* Ermiefen hat auf See bessere Lebensaussichten als Absaufen. Macht die Schotten dicht und unverlierbar, denn es kann ja immer noch schlimmer kommen. Für abgeteilte Räume unter Deck muß jeweils ein von innen und außen zu öffnendes seeschlagfestes Fluchtluk im Deck vorhanden sein. Was diese Forderung anbelangt, sind viele Serienboote Menschenfallen. Trapezförmige Niedergänge mit Steckschotten haben „Bedienungskomfort", aber bei unbequemen rechteckigen fallen die Steckschotten nicht unversehens heraus, wenn plötzlich zuviel Wasser im Cockpit ist. Diese oft nur sperrholzdünnen Bretter sollten 35 mm dickes Teak oder Pitchpine sein und in einer richtigen Rahmennut aus Vollholz stecken.

Der Niedergang muß für die Crew noch passierbar sein, wenn er schon bis Höhe Waschbord geschlossen ist.

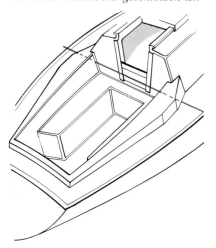

Mit einem solchen Hebelriegel kann das obere Steckschott sowohl seitlich im Kajütschott wie auch mit dem Schiebeluk verriegelt werden. Im ersten Fall läßt sich das Schiebeluk öffnen und schließen. Die Verriegelung ist von außen und innen zu betätigen, im Hafen abschließbar.

Die angeschraubten Halteleisten nach ICOMIA-Norm sind abzulehnen. Die halten keinem Plichteinsteiger stand. *Ein enges Cockpit* ist auf einer Bootsausstellung nicht sehr gemütlich. Auf See auch nicht, aber die Ansichten darüber ändern sich schnell, wenn die erste See einsteigt.

An *Lenzpumpen* kann man gut noch eine mehr gebrauchen als die zwei empfohlenen; bei sehr großen Yachten am besten zwei für jede abgeschottete Abteilung, eine davon an Deck mit Handbetrieb. Die handbetriebenen Membranpumpen sind für den Segelkreuzer noch der Favorit, aber anstrengend; machen wir uns nichts vor. Seit es wartungsfreie Batterien gibt, die unter Wasser arbeiten ohne Chlorgasentwicklung, sind auch Elektropumpen akut, aber ihre Fördermengen für ein Leck zu klein. Eine Handpumpe soll von der Plicht aus zu betätigen sein, und zwar bei geschlossenen Backskisten, der Pumpenhebel dicht daneben in Klips gehalten werden, da-

Eine am oberen Steckschott befestigte Leine wird durch Bügel der übrigen Steckschotten geschoren, um sie gegen Aufschwimmen oder Herausfallen zu sichern, und auf einer Klampe belegt.

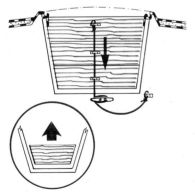

mit er nicht stört, aber auch nicht gesucht werden muß.

Ein ungelöstes Problem ist bei modernen Rümpfen, alles Wasser aus der Bilge zu bekommen. Der verbleibende Rest ist nicht gefährlich, aber lästig, weil er bei der Schaukelei bis zu den Kojen hochschwappt. Dem kommt man nur mit Schwamm und Pütz bei.

Handlampen sind natürlich unentbehrlich. Am besten nimmt man die teuren für Taucher, ersatzweise viele billige, die man mit Klebeband provisorisch wasserdicht macht. Batterien und Glühlämpchen wasserdicht verpackt zum Ersatz mitnehmen.

Sturmsegel werden gewöhnlich zu groß genommen. Ich schlage vor, sie einmal bei 35 kn Wind schon der Übung halber zu setzen. Da erscheinen sie dann lächerlich klein, aber die Yacht segelt damit erstaunlich schnell. Gemäß ORC soll das Try nicht größer sein als 0,175 $P \times E$ (*P* Vorliekslänge, *E* Unterliekslänge des Großsegels); es darf keine Latten und kein Kopfbrett haben und ist baumunabhängig zu schoten. Es soll die Segelnummer tragen und orange fluoreszierend gefärbt sein. Die Sturmfock sei nicht größer als 0,05 IG^2 (*IG* Mastlänge über Deck bis zum Vorstag) und ihr Vorliek maximal 0,65 *IG*. Wird die Sturmfock zum normalen Vorschotleitauge auf der Schiene geschotet, dann muß sie am Vorstag zu hoch gesetzt werden. Es müssen für sie also Extraholepunkte auf Deck sein, die bei nahezu allen Serienbooten fehlen. Es ist schlimm, wenn man das erst im ersten Sturm entdeckt. Die Sturmfock ist am stärksten belastet, nicht nur vom Sturm, sondern auch vom vielen Wasser, das sie abkriegt. Ihre Festigkeit muß über jeden Zweifel erhaben sein.

Für jedes Crewmitglied muß eine ohnmachtssichere *Rettungsweste* an Bord

sein. In den USA gehören sie gesetzmäßig zu jedem Boot – und sind deshalb die billigsten von der Coast Guard zugelassenen, dick und unpraktisch! Schwimmhilfen, gut und schön bei gutem Wetter, doch im Sturm sind richtige Rettungswesten unerläßlich. *Sicherungsgurte* sind nach aller Erfahrung eine gute Sicherung, an Bord zu bleiben oder wieder an Bord zu kommen. Vorausgesetzt, es handelt sich um gute Konstruktionen. Wie fast bei manchem in der Yachtsegelei wurde auch hier nicht gerechnet, sondern aufs Geratewohl probiert, was eine Anzahl Sportsfreunde mit dem Leben haben bezahlen müssen, bis man nach dem Fastnet-Desaster endlich zu rechnen und in Materialprüfanstalten zu testen begann. Vorsicht bei der Wahl ist immer noch angebracht.

Bei mir an Bord bekommt jeder einen Sicherungsgurt zugeteilt, außer, er habe seinen eigenen mitgebracht, was gut ist, weil der ihm wohl am besten paßt. Ein Textilklebeband, auf das mit wasserfestem Filzschreiber der Name des Leihgurtnehmers geschrieben wird – alles klar? Sodann muß jeder unter Deck noch einen festen und immerwährenden Platz für den Gurt bestimmen, an dem er den Gurt auch im Dunkeln sofort greifen kann: Die Gurte neigen dazu, sich unauffindbar zu machen.

Rettungsringe (offen) sind die erste Hilfe für einen über Bord Gefallenen – ein ausgetüfteltes Ausrüstungsstück! Die Boje mit dem 1,8 m hohen Flaggstock nebst Flagge erleichtert das Wiederfinden des Verunglückten, und der Treibanker soll verhindern, daß der Ring vorm Wind schneller treibt, als ein Mensch in Kleidern schwimmen kann. Eine Schwierigkeit besteht darin, all dieses Zeug so schnell ins Wasser zu bringen, wie es der kaum schwimmfähige Verun-

Sturmfock gesetzt, aber mit Holepunkt weit achtern, was nicht die beste Schotführung ist.

glückte braucht, damit er es erreichen kann.

Der größte Posten in der Sicherungsausrüstung ist die *Rettungsinsel*. Mit Rettungsinseln haben schon viele überlebt, einige in schier hoffnungslos einsamen Ozeanstrichen. Aber es hat auch Tote mit ihnen gegeben, weil Hersteller im Bemühen, über den Preis ins Geschäft zu kommen, Schund fabriziert und verkauft hatten. Das war aber nicht die einzige Ursache. Rettungsinseln können in Orkanseen eben auch überwältigt werden, können auf dem Dach landen und nicht mehr aufzurichten sein, oder es gelingt den Schiffbrüchigen nicht, in sie einzusteigen. Und dieser Gegenstand wird nie ausprobiert. Jeder hofft, daß er ihn nie ausprobieren muß, und vertraut dem eingepackten Ding. Und weil das Ding viel Platz braucht, wird es gern eine Nummer zu klein gekauft. Das muß jeder Skipper mit sich selbst aushandeln – und die Crew mit dem Skipper. Seefahrt ohne Risiko gibt es nicht. Yachtinseln können wegen Platzmangels nicht so solide sein wie die für die Berufsschifffahrt. Darum ist die alljährliche Inspektion der Insel zur Winterszeit so wichtig.

Rettungsinseln sind gewöhnlich mit etwas *Notproviant* und Wasser ausgerüstet. Man kümmere sich darum, ob das reicht, was eventuell noch von Bord mit in die Insel genommen werden muß. Das stecke man in einen wasserdichten Beutel, der in der Nähe des Niedergangs ständig gefüllt aufbewahrt wird, so daß man ihn notfalls schnell greifen und mitnehmen kann. Wenigstens Pässe und etwas Geld sollten auch in dem Sack die Reise mitmachen und alle Seenotraketen (in der Insel sind nur wenige). Als Notproviant energiereiche, nicht durstig machende Kost, Trinkwasser in meh-

Komplette Mann-über-Bord-Ausrüstung, am Heck sofort einsatzbereit zu fahren, doch gegen Verlust durch Seegang gesichert. Hufeisenboje mit Reflektoren (P), Trillerpfeife (W), Treibanker (A), Wasserfärber (D), Strobolicht (S), Flaggenboje (B) nebst Verbindungsleine (L). Flaggenhöhe 1,8 m über Wasser.

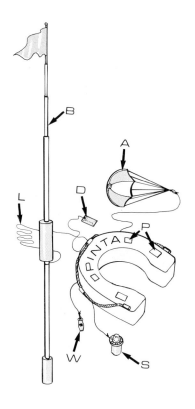

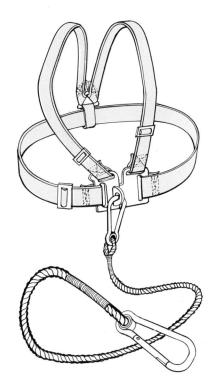

Der Sicherungsgurt sollte den Normen DIN 7470 oder AS 227 (USA) oder BS 4224 (GB) entsprechen, damit er wirklich ein Lebensretter ist. Traggurtbreite 38 mm, Schultergurtbreite 19 mm, besondere Näh- und Spleißvorschriften, dynamischer Falltest, nicht magnetisches Metall. Besser darf der Gurt sein, aber es gibt noch viele auf dem Markt, die nicht ausreichen.

Rettungsinsel auf See; hoffentlich tritt der Ernstfall nie ein.

reren kleinen Behältern mitnehmen, die man nach Verbrauch wegwerfen kann, denn es ist eng in der Insel. Weitere Ausrüstung: Ein Trinkbecher mit Einteilung 10, 20 und 50 ml, Dosenöffner, Verbandszeug, Sonnen-Signalspiegel, Handlampen oder Cyalume-Leuchtstäbe, Reserve-Treibanker.

Wo ist was zu finden?

Eine Überführungscrew wurde einmal nur 25 sm von ihrem Ziel entfernt von schwerem Sturm überfallen. Weil sie vor einer Leeküste stand, wurde die Sturmfock dringend gebraucht, aber nicht gefunden. Die Yacht scheiterte. Einer kam ums Leben. Die Sturmfock war an Bord, aber der Eigner hatte nicht gesagt, wo. In einem Sturm auf einem fremden Schiff etwas suchen zu müssen, das muß man erlebt haben. Eine *Segelliste* ist üblich mit Markierung der Säcke, der Fläche, der verträglichen Windstärke, dem Holepunkt und dem normalen Stauplatz jedes Segels. Das ist kein Problem. Aber es geht um die vielen kleinen (und manche größeren) Dinge, die einmal in höchster Eile gebraucht werden könnten. Kaum einer behält, wo er dies und das vor Monaten oder gar Jahren sicher gestaut hat. Es hat eine

Rennyacht gegeben, die ein Funktelegramm an die Sekretärin des Skippers abgesetzt hat, wo, verdammt, in der Proviantlast die Kartoffeln gestaut seien. Hier ein paar Beispiele für eine *Stauliste,* die am besten mit Farbband (nicht Kohleband!) auf wasserfestes Papier getippt und mit Klebeband an einem Schott befestigt wird, wo jeder sie sehen kann.
Vorlogis: Badeleiter, Radarreflektor.
Neben Kettenkasten: Trysegel, Sturmfock, lange Leinen, Bootshaken.
Kleiderschrank: Bootsmannsstuhl, Bolzenschneider, große Metallsäge, Rolle Bindedraht, mobile Lenzpumpe.
Steuerbordkoje: Notruder, Wasserkanister.
Unter Kartentisch: Notpack, Werkzeug, Steertblöcke.
Kartentischschublade: Kleine Metallsäge, Sägeblätter, Glühlampen (alle Größen), Kleinmaterial, Kleinbatterien, Kriechöl.

101

Toilette: Verbandskasten, Bordapotheke, Gebrauchsanweisung für Rettungsinsel (Türinnenseite).

Unter Niedergang: Handtalje, Ersatzbackstagstalje, Sicherungsgurte, Schäkel- und Wirbelsack, Nebelhorn, Motor-Andrehkurbel.

Hundekoje: Gelber Sack (Notfeuerwerk), blauer Sack (Rettungswesten), Ersatzsegellatten, Ersatzwinschkurbeln, Motorersatzteile, Ersatzpinne, Notantenne, Segelflickzeug, Reffbändsel und Zeisinge (roter Beutel).

Staukiste bei der Pantry: Weichholz-Leckstopfen, Feilkloben, Schraubstock, Flaggleine und Bändsel (roter Beutel).

Unterste Pantryschublade: Streichhölzer in wasserdichter Dose, Reservebüchsenöffner, Flaschenöffner.

Alternative: Gegenstände alphabetisch geordnet, numerierte Stauräume.

Staulisten am Schott: Ohne sie kann das Wiederauffinden problematisch werden.

Navigation für schnelle Reisen

Ohne gute Navigation sind keine schnelleren als die üblichen Reisen zu machen. Man höre nur mal den Navigatoren nach einer Seeregatta zu (ausgenommen dem der Siegeryacht), wie sie zu früh gewendet hatten, eine Winddrehung erwarteten, die nicht oder aus einem anderen Loch kam, und verzweifelt nach einer Bahnmarke gesucht haben. Alle Windspiele mit den Segeln sind manchmal vertan wegen der auf einem etwas falschen Kurs verlorenen Minuten. Gute Taktik zählt auch bei schnellen Reisen.

Nicht der kürzeste Weg über Grund zählt, sondern der kürzeste durch das Wasser, und den zu finden ist gar nicht einfach, wenn das Wasser fließt, und man weiß nicht, wohin es fließt. Beim Spiel mit dem Strom machen die Segler die meisten Denkfehler. Wer von Cherbourg zur Isle of Wight will, segelt am besten stur rw 000°; sein Weg über Grund ist dann eine Sinuskurve, aber er kommt gut eine Stunde früher

an als einer, der sich darum bemüht, den Strom immer auf Leebug zu halten, weil das angeblich Vorteile bringt – manchmal ja, hier aber nicht.

Auf Yachtkreuzern fährt gewöhnlich kein Vollzeitnautiker, sondern der Skipper macht das nebenbei. Jedenfalls muß einer sich darum kümmern. Ich nehme an, daß jeder Leser in einem Kursus oder aus einem Buch die Grundlagen der Navigation gelernt hat. Was hier aber geschrieben steht, beruht auf der Navigation von Segelyachten, auf einigen der Tricks, die sich als wirksam erwiesen haben.

Nichts davon widerspricht der Schulnavigation oder dem, was Prüfer als Antwort erwarten, nur mit den Bedingungen und dem Streß an Bord hat das nichts gemeinsam. So mag die Yacht in der Dunkelheit rasch auf eine Küste zulaufen, die Feuer sind noch nicht zu identifizieren, der Navigationskasten blinkt, weil er Raum- und Bodenwelle nicht trennen kann, die

Navigationsecke. UKW-Funkstelle, Echolot, Handpeilkompaß, unten links Kartentisch mit Sicherungsgurt.

Crew ist beim Reffen, weil es auffrischt, und der Steuermann mault, er sei ganz und gar nicht glücklich mit dem Kurs, ob er, bitte, einen neuen bekommen könne.

Elektronische Hilfen

Die neuen Kästchen mit Standortanzeige in geographischen Koordinaten und fast alle auch schon in Polarkoordinaten (Kurs und Distanz zum nächsten oder vom letzten Wegpunkt) haben die Aufgabe des Nautikers sehr vereinfacht − wenn sie es tun. Leider herrscht beim derzeit präzisesten, bei Loran-C, ein großes Deckungsdefizit in Europa von N 56° bis zum Mittelmeer, das preiswert geschlossen werden kann, wenn der Nebensender Sylt zu einem Nebensender zum französischen Hauptsender 50 km südlich von Cherbourg erweitert wird. Loran hat keine Raumwellenprobleme, Decca dagegen in den Abend- und Morgenstunden sehr. Beide geben aber, ungestört, laufend die Position, und mehr braucht man nicht.

Theoretisch gilt das auch für Omega, aber weil es von einem bestimmten Ablaufort aus weiterrechnet, darf der Strom nicht ausfallen, darf nicht versehentlich abgeschaltet werden. Nur wer mitgekoppelt hat und während des Ausfalls weiterkoppelt, kann den Anschluß mit dem Koppelort wenigstens ungefähr wiederherstellen. Mitkoppeln ist auch bei Decca wegen des Dämmerungsproblems, der relativ engstehenden Sender mit vielen stark gekrümmten Hyperbeln und spitzen Schnitten und der geringen Reichweite, bei der die Mitte der Nordsee offenbleibt, dringend ratsam.

Die derzeitige Satellitennavigation liefert keine laufende Ortsbestimmung;

es kann zu Informationspausen bis zu drei Stunden kommen. Das zukünftig geplante Verfahren mit geostationären Satelliten (GPS) wird in seinen besten Eigenschaften militärisch sein, damit empfangsseitig nicht voll für uns verfügbar, und teuer außerdem.

Nautische Ausrüstung

Wenn in einem Sturm gar nichts mehr geht, kein warmes Essen, kein Schlaf, kein Segel mehr oben, das Ruder festgelascht, dann muß die Navigation immer noch funktionieren. Die Elektronik mag ausgefallen sein, weil die Antenne weggeweht worden ist, dann muß wenigstens jede halbe Stunde ein neuer Koppelort berechnet werden aus Stromversatz und Leeweg durch den Wind. Auch kleine Seekreuzer brauchen einen Kartentisch. Am besten ist ein querschiffs orientierter mit einem ebensolchen Bücherbord. Meist ist er in der Nähe des Niedergangs wegen der Verständigung mit dem Steuermann oder Wachführer, aber dann sollte wenigstens ein Vorhang zum Schutz der Navigation vor Wasser vorhanden sein. Ein hohes Schlingerbord am Mittschiffsende des Tisches darf nicht fehlen; sonst sind keine nötig. Zwei Schlitze im Tisch, in die man den oberen und unteren Kartenrand stecken kann, halten die Karte auf dem Tisch genügend fest. Zeichengerät läßt man nicht auf dem Tisch liegen, sondern steckt es gleich wieder in seine Halterungen. Tischgröße ist kein Kriterium, weil man die Karte falten kann. Das Schott vorm Kartentisch kann gar nicht hoch genug sein; also bis unters Deck und Kajütdach. Die Karten werden meist unter dem aufklappbaren Kartentisch aufbewahrt; da gehen in eine Tiefe

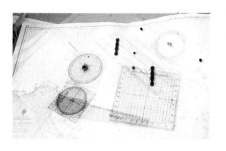

Was man so zur Kartenarbeit braucht, ist Ansichtssache.

Weil Segelschiffe fast immer mehr oder weniger krängen, sind querschiffs angebrachte Bücherborde zu empfehlen.

von 75...100 mm mehr als hundert Karten hinein, aber man muß sie am Rande kennzeichnen.

Jeder Navigator hat beim Zeichengerät seine eigenen Präferenzen, und damit soll er glücklich werden. Die deutsche Schule zieht zwei Kursdreiecke vor, die Amerikaner schwören auf Parallellineale, der Übersetzer hat ein langes Lineal, das der Seefahrtlehrer Jürgensen aus Leer erfunden hat und bei dem man nur daran denken muß, daß die Rosen gegen den Uhrzeigersinn gezählt werden müssen − anfängliche Kursfehler unterlaufen dem Übersetzer seit 20 Jahren nicht mehr damit. Plotter benutzt der Autor; sein Übersetzer hat alle, die ihm zum Test geschenkt wurden, alsbald über Bord geworfen, weil man der Platte mit der Rose wegen nichts in die Nähe des Armdrehpunktes schreiben oder zeichnen kann, was besonders bei Karten kleinen Maßstabs hinderlich ist. Die Kurs- und Peilungsverwandlungen kann man leicht im Kopf rechnen. So wird eben jeder nach seiner Façon glücklich. Beim Kursdreieck sollen der Mittelpunkt der Gradteilung und die Zentimerteilung in der Hypotenusenkante liegen. Wer mit einem nautisch tauglichen Taschenrechner arbeiten kann, macht die Kartenarbeit mit Grad und Millimetern, nicht mit Seemeilen vom Kartenrand und schon gar nicht mit geographischen Koordinaten − ausgenommen Besteckrechnung (Versegelung).

Französische und deutsche Karten haben keine magnetische Rose, die französischen nicht mal eine rechtweisende, sondern nur kleine Pfeile an einigen der eingedruckten Meridiane, und die zählen häufig noch vom Pariser Observatorium aus: E 2° 20' 15" von Greenwich. Da muß man aufpassen. Zwar ist die Greenwich-Längenteilung am oberen und unteren Rand aufgedruckt, aber die Meridiane in der Karte beziehen sich dann auf Paris. Franzosen und Deutsche haben recht, wenn sie nur rechtweisend navigieren. Die „Magnetischen" werden sich daran gewöhnen müssen, denn die elektronische Navigation ist strikt rechtweisend.

Auf allen heutigen Seekarten sind die Feuer durch tropfenartige Magentaflecken gekennzeichnet, damit man mit Rotlicht in der Karte arbeiten kann; das sollte man denn auch tun, denn dieses Licht stört die Dunkeladaption der Augen nicht, auch nicht, wenn es nach draußen ins Cockpit scheint. Auch die beleuchtete Kartenlupe sollte man mit einem roten Lämpchen bestücken − das ist nicht leicht zu bekommen, aber auch dabei hilft Nachfrage der Bedarfsdeckung. Versuche, weiße Birnchen mit Nagellack zu röten, sind fehlgeschlagen; die Lämpchen werden zu heiß.

Fürs traditionelle Bücherbord ein Verbesserungsvorschlag: Man ersetze die traditionelle Mahagonileiste durch eine bis 2 cm übers Brett reichende

Ein praktischer Kursrechner mit einstellbarer Mißweisung (C). Zeigerlineal A und verstellbare Gradscheibe B bilden einen Kursplotter, der das Hantieren mit zwei gegeneinander zu verschiebenden Kursdreiecken erspart und ein direktes Ablesen des Kurses ermöglicht.

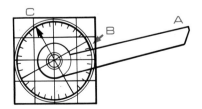

105

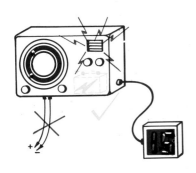

Echolote sind eine wertvolle Navigationshilfe. Sie können mit akustischem Alarm, wenn's flach wird, und Fernanzeige für das Cockpit kombiniert sein. Im Nebel kann man zum Beispiel 5 m Lotung halten und so der 5-m-Linie in der Karte in einen Hafen oder eine Bucht folgen; dabei Linienkurs und Schiffskurs vergleichen. Tidenstand nicht vergessen.

Plexischeibe, dann fallen bei nicht ganz gefülltem Bord die kleinen Büchlein nicht unter der Leiste hervor, man kann durchs Plexiglas die Buchrücken lesen, und gelegentlich staubwischen kann man durch den 2-cm-Schlitz auch. Statt Holzbleistiften nehme man TK-Stifte oder einen guten Drehbleistift (Montblanc, Parker, Cross etc.).

Basisinstrumente

Darunter seien die Instrumente verstanden, mit denen schon immer navigiert wurde, mit denen man navigieren kann, wenn alles andere versagt. Dazu gehört der Kompaß, aber besser ist noch ein zweiter; ein Handpeilkompaß genügt, vor allem wenn man ihn so verwahrt, daß die Rose nicht auf der Pinne aufliegt.

Als zweites braucht man ein Log, nicht unbedingt mehr ein Schlepplog, es kann auch eins der modernen am Rumpf montierten sein. Sollte dies versagen, dann kann man sich ein Scheitlog basteln, bei dem nicht unbedingt Knoten von einer Trommel ablaufen müssen. Man kann auch die Sekunden zählen, bis 10,3 m Flaggleine am Scheit steifkommen, nachdem man das Scheit beim Heck ins Wasser hat fallen lassen; $10,3/s \times 1,9$ ergibt

ungefähr die Fahrt in Knoten, auch $10/s \times 2$, weil das einfacher im Kopfe zu rechnen ist.

Drittens braucht man ein Lot − eine Lotleine mit Blei irgendwo gestaut als Reserve. Echolote sind sehr zuverlässige Instrumente, und unter ihnen am aussagekräftigsten sind die mit dem rotierenden Flimmerlämpchen, die aber für den Motor und die Leuchtdiode viel Strom brauchen (Echoschreiber noch mehr). Am sparsamsten gehen die Flüssigkristalle (LCD) in der Anzeige mit der Batterie um, müssen bei Dunkelheit aber angeleuchtet werden. Leuchtdioden brauchen mehr Strom, Zeigerinstrumente nicht so viel. Weil alle Seekarten in ihren Neuausgaben Meterlotungen haben, genügt Meteranzeige auch fürs Lot. Kein Lot verhindert, auf Grund zu laufen, aber manche haben eine

Alarmanlage, die meldet, wenn es flach wird; man kann sie auf eine bestimmte Tiefe einstellen. Oft kann man sich im Nebel mit dem Echolot an der Zehnmeterlinie entlangfühlen und am Kompaß ablesen, wie der Kurs verläuft, was man dann mit der Karte vergleichen kann. Dazu muß eine digital anzeigende Lottochter für den Steuermann im Cockpit sein.

Bei im Kajütschott eingebauten Kompassen sollten innen am Schott keine Schränke oder Schwalbennester montiert sein, in die Gedankenlose Eisernes legen könnten. Aber auch ohne solche Möglichkeit sollte der Navigator öfters die Kompasse prüfen. Dazu bieten sich Deckpeilungen (z. B. die Türme von Richtfeuern an), und die Sonne am Morgen und Abend. Wer die astronomische Navigation nicht beherrscht, muß die Sonne beim Auf- oder Untergang peilen, denn es gibt Tabellen mit dem Sonnenazimut für diesen Zeitpunkt für alle Breiten und Deklinationen der Sonne. Wegen der Lichtbrechung ist die Sonne schon untergegangen, wenn ihr Unterrand einen halben Sonnendurchmesser über dem Horizont steht. Am besten steuert man zu diesem Zweck die Sonne mit der Yacht an oder peilt sie genau querab, weil Kompaßpeilungen mit den Steuerkompassen von Yachten nicht mehr möglich sind. Beispiel:

Doppelkompasse im Aufbauschott sind von jeder Seite aus gut abzulesen.

Juli 11
Breite = N 45° (ungefähr genügt)
Sonnendeklination (Tagesmittel) = 21° 56'
Tafel-Sonnenpeilung 58,0° – das heißt Sonnenaufgang rechtweisend 058°
Sonnenuntergang rw 302°

War die Kompaßpeilung bei Untergang 309°, die Ortsmißweisung W 5°, dann ist die Deviation W 2°. Das vergleiche mit der Deviationstabelle.

Wird keine Übereinstimmung gefunden, muß gesucht werden, was den Kompaß unplanmäßig ablenkt. Bei zwei Kompassen muß für jeden Kompaß eine Deviationstafel aufgestellt werden. Weil der Motor meist in Nähe des Kajütschotts untergebracht ist, bleibt die Annahme, Kunststoff- und Holz- oder Aluminiumboote hätten keine Deviation, eine trügerische Hoffnung. Es genügt, für einen Kompaß die Deviation zu messen und die anderen Kompasse mit diesem dann zu vergleichen.

Der Sextant

Ein leichter Sextant aus Aluminium mit guter Optik und einer exakt zentrisch zum Gradbogen gelagerten Alhidade ist auch für die Küstennavigation ein so nützliches Werkzeug, daß, wer sich das teure Instrument leisten kann, es auch anschaffen sollte. Astronomische Navigation ist bei schnellen Reisen von und zum Mittelmeer via Biscaya und im westlichen Mittelmeer, wo Loran-C manchmal blinkt, durchaus von Nutzen.

* Siehe Strepp: „Formeln", Kleine Yacht-Bücherei, Band 69.

Terrestrisch dient der Sextant zur Abstandbestimmung von Objekten bekannter Höhe (die man in deutschen Karten bei den Leuchttürmen erst noch dazuschreiben muß). Der Tidenstand braucht dabei nur bei großer Nähe zum Objekt und engem Sicherheitsbereich berücksichtigt zu werden; bei hohen Objekten ist der Tidenfehler kleiner als bei niedrigen.* Mittels Höhenwinkel läßt sich auch feststellen, ob ein Schiff sich nähert oder entfernt. Mit dem Sextant gemessene Horizontalwinkel zwischen zwei Land- oder Seemarken ergeben einen sehr genauen Standkreis, der durch beide Objekte führt, auf dem man durch eine Peilung oder Höhenwinkelmessung einen Schiffsort findet. Horizontale Sextantwinkel zwischen drei Objekten ergeben einen sehr präzisen Schiffsort.

Sextantanwendung: oben Abstand aus Höhenwinkel, unten aus Horizontalwinkeln zwischen drei Landmarken ein exakter Schiffsort (Fix).

Astronomische Navigation ist heute leichter, als die meisten Yachtskipper denken.

Ein Sextant ist auch in der Küstennavigation enorm nützlich – hier Abstandbestimmung mittels Höhenwinkel von einem Leuchtturm bekannter Höhe.

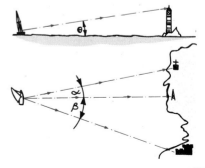

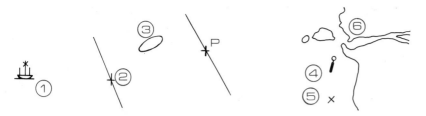

Karteneintragungen: Ich empfehle, beabsichtigte Kurse (Kreuzschläge vor allem) nicht in die Karte zu zeichnen; noch weniger die schon abgesegelten. Was wirklich interessiert, ist der augenblickliche Standort und der beste Weg zum nächsten Wegpunkt (Hafen, Kap, Feuerschiff, was immer). (1) Ablauf beim Feuerschiff; (2) Funkstandlinie + optische Peilung Feuerschiff = Fix; (3)

Koppelort, ungenau; (P) Fix durch elektronische Bestimmung; (4) Ansteuerungstonne muß gefunden werden, um in den Hafen zu kommen, geschätzte Ankunftszeit 4,5 h. Geschätzte Stromversetzung 3 sm nach Nord, deswegen Steuerkurs auf (imaginären) Punkt (5) von P aus. Das schont die Karte, besonders wenn man in ihrem Bereich häufig oder immer segelt.

braucht als kleines Schiff nicht jede Detailkarte einer Hafenansteuerung, sondern kann sich heutzutage in europäischen Gewässern nach dem einheitlichen Betonnungssystem hineinwagen.

Auf die allerletzten Berichtigungen in den Karten ist man als Yacht nicht so angewiesen. Die „Nautischen Nachrichten" der Kreuzer-Abteilung, 1. Jahresausgabe, enthalten alles, was zum Sommertörn noch zu beachten wäre. Mit den Karten plant man zu Hause schon den Törn. Nur Überführungsnautiker kommen in die Verlegenheit, kurz vor Reisebeginn planen zu müssen.

Ich empfehle, keine Striche in die Karte zu zeichnen, sondern nur Positionen und die kurzen Stücke Standlinie, die die Position bestimmen. Der von der jeweiligen Position weiter zu steuernde Kurs wird bei ihr (und im Logbuch) notiert. Die Standlinien kann man wieder wegradieren, so daß nur die Positionspunkte mit Uhrzeit und Datum stehenbleiben. Der Grund, keine Striche zu ziehen, ist einmal Schonung der Karte, zum anderen Befreiung von der Kartenkurs-

Vorbereitung

Wenn die Reise in fremde oder selten besuchte Gewässer führen soll, ist es ein weit verbreiteter Brauch unter Yachtskippern, Reiseberichte oder Revierbeschreibungen anderer Skipper, die schon dort waren, zu lesen oder deren persönlichen Rat zu suchen.

Gerne werden auch die Karten eines solchen Ratgebers gekauft, aber dazu gehört das Vertrauen, daß sich inzwischen nichts geändert hat. Der geborene Abenteurer wird seine Reise lieber aus eigenen Stücken vorbereiten, was für sich ja schon eine Vorfreude auf das Erlebnis selbst bereitet. Man kauft sich das Stell Karten. Man

Concarneau → La Rochelle evtl
Jun 19 (Fr)   Royan

206° bis Pt Mousterlin Sb qa
157° " ♀ srs (Fkl-Sektor)   10,5 sm
134° " Ltm Gulphare (Belle Île)
(138° "   "   " wenn Schiessen)
                                 41,7 sm
128° " Île de Yeu ♀ Joinville   48,0 sm
129° " ab ♀ Fkl(6)+Blk → Sables 24,3 sm
                        d'Orlonne
104° " Anst Tn Fi Linie 51° bis YHf. 3,8 sm
152° " Chanchardon (Île de Ré)   23,4 sm
160° " Pt de la Coudre*   27,8 sm
130° " Royan (nach Sicht)   12,9 sm
                                ─────────
* Vorsicht zahlr Untiefen!   192,45 sm

nach Rochelle: ab CHANCHARDON
098° bis Pt de Chauveau peilt N 11.5 sm
Einsteuern La Rochelle   6.01 m

RC: Pornic NZ 289.6 kHz 35 sm YHfn
    Île de Yeu YE 312.6 kHz

Fluchthäfen (4...6 h): Île Groix Port Tudy;
Belle Île Sauzon; Le Croisic Leitf. 156°.
Pornic BlzGp (2+1) 7s, 3 sm; Île Noirmoutier
Ltm UbrGp (3) wrgn 12 sek; La Rochelle

HW Concarneau 04.42, 6.8 m ; 17.05, 6.9 m
HW Île de Yeu   05.29, 6.7 m ; 17.16, 6.8 m
  Jun 20
HW Rochelle   05.25, 5.6 m ; 18.24, 5.7 m

Auch wenn die Reise mehrere Tage dauern soll, ist es nützlich, sich für die ersten 48 h eine solche Übersicht im voraus aufzuschreiben.

mentalität, das Boot immer wieder auf diesen Strich in der Seekarte zurückzubringen. Das mag für ein Maschinenschiff richtig sein. Segeln muß man so, wie man dem nächsten Ziel am schnellsten näherkommt.

Um nicht dauernd Bücher aufschlagen zu müssen, schreibt man sich die wichtigsten Informationen auf einen Zettel, wie hier skizziert für eine Fahrt entlang der westfranzösischen Küste für etwa zwei Tage und eine Nacht. Dabei ist der Weg so gelegt, daß mit einer Ausnahme immer ein Fluchthafen mit guten Einsteuerungshilfen in drei bis vier Stunden selbst bei Ruderhavarie erreichbar ist – Sturmgefahr droht immer aus West, aber selbst mit Ruderschaden kann man eine Yacht mit 30° zum achterlichen Wind segeln, so daß jeder Fluchthafen in der Spitze eines Sektors von 60° erreichbar ist, wenn die Yacht sich in diesem Sektor befindet. Die Ausnahme liegt zwischen Île de Groix und Belle Île: 6 h. Wer Morsezeichen nicht beherrscht, schreibt sich die Kennung der Funkfeuer mit Punkten und Strichen auf den Notizzettel: Pornic – ·|– ·· Der senkrechte Trennstrich zwischen den Buchstaben ist wichtig, sonst könnte man seine Klaue statt NZ auch – · – |· · YI lesen.

dingt Spalten haben. Windrichtung und Stärke (in Knoten, nicht Bft) sind eine nette Zutat, auch Barometerstand und Lufttemperatur sind noch eine vorgedruckte Spalte wert. Wer auf sauber geführte Logbücher Wert legt, schreibt sowieso erst mal Kladde. Jede Kursänderung muß mit Uhrzeit und gesegeltem Weg eingetragen werden – weil die Mannschaft das auf Yachten meist nicht tut, wenn der Nautiker schläft, gebe man der Mannschaft ein kleines Tonbandgerät, damit sie das wenigstens auf Band spricht, so daß der erwachte Nautiker es nachtragen kann. Es ist nicht nötig, jede halbe Stunde etwas ins Logbuch zu schreiben. Es genügt, dann etwas hineinzuschreiben, wenn es etwas zu schreiben gibt: Wenden, andere Kursänderungen, Wetteränderungen, Segelwechsel, passierte Seezeichen und Landmarken, Begegnung mit Schiffen, gegißte und exakte Positionen. Die wichtigsten Seiten im Logbuch, auch für die spätere Erinnerung, sind die, auf denen außer vielleicht Schreiblinien nichts vorgedruckt ist.

Segelt man bei unstetem Wind in einem Querstrom, muß man stets entsprechend den Steuerkurs ändern, um höchste Fahrt zu laufen. Bei der Ansteuerung eines Hafens bei 10 kn Wind und Querstrom wird die Yacht „über ihrem Kurs" zum Ausgleich steuern, um das zu kompensieren. Flaut der Wind auf 5 kn ab, was gerne vorkommt, dann muß sie klarerweise noch mehr kompensieren. Der Navigator kann das berechnen, wird es aber nicht in seine Koppelbuchführung eintragen, und dem Steuermann wird er etwa sagen: „Wenn die Fahrt auf 2,5 kn sackt, steuer 280; klettert sie auf über 5 kn, steuer 300."

Unterwegs sollte sich der Navigator ansehen, welchen Kurs die Steuerleute wirklich fahren, und mit dem vergleichen, was sie zu steuern meinen. Auf diese Weise erfährt er wenigstens ungefähr, welchen Steuermannsfehler er in seiner Koppelrechnung berücksichtigen muß. Das gilt übrigens auch für Windfahnenruder. Diese Komponente ist meist die größte bei den „Stromversetzungen" gegenüber dem nächsten Fix. Ein kompensierter Kompaß überm Kartentisch oder der Nautikerkoje macht die Beobachtung leicht und diskret. Manche Steuer-

Koppelrechnung

Gekoppelt wird meist im Logbuch. Bei Regatten auf engem Raum wie „Rund Helgoland" empfiehlt sich dagegen die Anlage einer Koppeltabelle. An vorgedruckten Logbüchern gibt es eine große Auswahl mehr oder minder bürokratischer Schemata. Zeit, Kurs und Weg (Distanz ist was anderes!) sind die Bestandteile der Koppelei, und für diese muß ein Logbuch unbe-

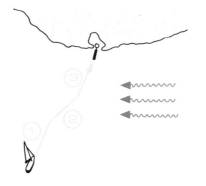

Ein typischer Kurs mit Querstrom und wechselnden Windgeschwindigkeiten. Schlag 1 würde exakt bei westsetzendem Strom zum Hafen bringen. Da aber läßt der Wind nach, und es muß 2 mehr gegen den Strom gehalten werden. Dann frischt es wieder auf, und Schlag 3 führt zum Hafen. Zu solcher Wedelei ist man oft gezwungen.

Peilungen nach rückwärts sind sehr nützliche Kurskontrollen, die kaum gemacht werden, weil die Psyche den Blick in die Zukunft favorisiert. Hier ist der Kurs 1 und es wird 1 oder 1a gesteuert. Eine Rückpeilung zur Wendeboje würde zeigen, daß das Boot aber den Weg 2—2a läuft, und der Navigator könnte das mit einer Kurskorrektur kompensieren.

leute nennen den besten Kurs, den sie erreicht haben, nicht den mittleren, der schwer abzuschätzen ist.

Wenn man in Tiden- oder Ozeanströmungen segelt, stehen einem nur die Informationen aus Strömungsatlanten oder Seehandbüchern für die Koppelrechnung zur Verfügung. Alle Strömungen unterliegen aber dem Einfluß von Wind, Wetter und Jahreszeit, so daß die Angaben nicht immer genau sind. Darum sollte jede sich bietende Möglichkeit zur Strombeobachtung an Tonnen, Fischereibojen usw. genutzt und mit den Angaben verglichen werden, damit man nachrechnen kann. Strömungen nahe den Küsten werden in den offiziellen Büchern kaum berücksichtigt. Hat man eine Tonne, Bake oder einen Turm passiert, sollte man einige Rückpeilungen von ihnen machen, an denen man die Versetzung erkennen kann. Es ist eine außerordentlich nützliche Technik, an die nur wenige denken, weil vorbei für sie vorbei ist.

Der Stolz des Navigators läßt es nicht zu, nach einer Tonne öffentlich Ausguck zu halten; er bringt das Boot zu der Tonne oder was immer es sei. Meist ist aber jemand an Bord, der sich mit guten Augen für die Ferne voraus interessiert. Wenn ich so jemand erkannt habe, nütze ich das diskret aus.

Wahre Schiffsorte (Fix)

Wie man sie macht, ist in den Lehrbüchern eingehend beschrieben. Es ist immer der Schnittpunkt gleichzeitig oder fast gleichzeitig gefundener, zuverlässiger Standlinien aus optischen oder Funkfeuerpeilungen, astronomisch gewonnenen Standlinien oder Standkreisen aus Vertikal- und Horizontalwinkel, die mit dem Sextant an Landmarken gemessen wurden. Muß eine Standlinie versegelt werden, dann ist das kein echtes Fix mehr, egal wie sorgfältig man Kurs und Geschwindigkeit über Grund dabei ins Kalkül gezogen hat. Es bleibt die Möglichkeit eines Fehlers dabei bestehen.

Weg nach Luv

Liegt das Ziel dort, wo der Wind herkommt, kann man nicht direkt hinsegeln, und für den Fall gibt es bestimmte Regeln, nach denen man am schnellsten zum Ziel kommt. Aber die werden in der Praxis oft vergessen. Man bleibt in dem Sektor, in dem das Ziel genau in Luv liegt, oder in dem, aus dem man die nächste Winddrehung erwartet, wozu einige Kenntnis in Wetterkunde und Wetterlage nötig ist. Prinzipiell bringt man das Ziel genau in Luv und kreuzt in einem Sektor von 10° bis 20° darauf zu, oder man segelt aus einer anderen Position in diesen Sektor hinein, um dann zu kreuzen.

Weil wir die Kursstrichmentalität verbannt haben, ist es nicht besonders schwierig, eine Anzahl Kreuzschläge

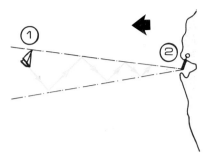

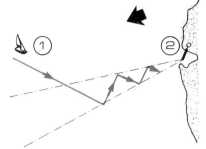

Die klassische Art, ein Ziel im Auge des Windes mit immer kürzer werdenden Kreuzschlägen zu erreichen. Jede Winddrehung wäre da von Vorteil.

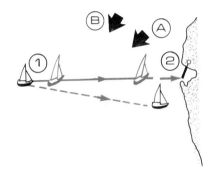

Bei Windrichtung A glaubt der Skipper bei (1), den Hafen (2) gerade noch anliegen zu können, endet wegen der Abdrift aber südlicher. Er wird bald merken, daß er einen Kreuzschlag machen muß. Raumt der Wind nach B, kann er die Schoten schricken, um nach (2) zu gelangen, sollte das aber nicht zu früh tun, sondern erst wenn feststeht, daß der Wind nicht mehr schralen wird. Da auch mit einer örtlichen Strömung nach Lee gerechnet werden muß, hat man besser auf der Luvseite über dem Ziel etwas „auf Lager".

ohne Fixe zu segeln, einfach mit Kurs und Weg gekoppelt im Halbstundenintervall. Der Navigator muß dabei nur etwas den Leeweg (Abdrift) berücksichtigen und damit ringen, wann er einen Schrick in die Schoten anordnen soll, wenn der Wind raumt. Auch moderne Yachten mit geringem Leeweg kommen meist in Lee der gekoppelten Position an, wenn sie sich der Marke nähern. Erfahrungsgemäß lohnt es sich, etwas Höhe herauszusegeln und nicht gleich die Schoten aufzufieren, wenn der Wind raumt. Damit gleicht man auch aus, daß Steuermänner bei raumerem Wind häufiger vom Kurs abfallen als hoch am Wind. Will sagen: bleibe so lange hoch am Wind, bis sicher ist, das Ziel raumer segelnd anliegen zu können. Es kann ja auch sein, daß der Wind wieder schralt, ehe das Ziel erreicht ist. Querströmungen komplizieren die Sache bei der Segelei am Wind. Bei der Wende hat man oft die Wahl, mit dem Strom zu segeln oder quer zu ihm auf dem anderen Bug. Die Regel ist, gegen einen ungünstigen Strom zu segeln und quer zu einem günstigen. Hat man es mit einem konstanten Strom zu tun, dann hat man keine Wahl. Bei Tidenströmen, die nach sechs Stunden kentern, richtet man die Schläge so ein, daß sie gegen die ungünstigsten Strömungen führen. Das leitet sich aus dem durch die Strömung verursachten scheinbaren Wind in Gegenrichtung ab.

Bemerkungen zu Strom gegen den Leebug: In der ganzen Welt diskutieren Yachtnavigatoren dieses Thema. Es wird behauptet, das habe Vorteile, weil der Wind raumer einkomme (richtig) und auch etwas stärker sei – und das ist nicht immer richtig, wie das Vektordiagramm zeigt. Manchmal hört man, der Strom drücke gegen den Leebug und vermindere so die Abdrift; das ist ein Trugschluß. Der Strom versetzt die Yacht, und bei Windstille würde sie einen Windhauch entgegen der Stromrichtung und von Stromgeschwindigkeit verspüren. Ein solcher „Wind" ist immer vorhanden, wenn die Yacht in einer Strömung segelt, und dieser Wind setzt sich mit

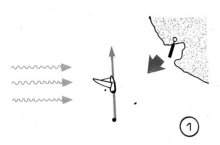 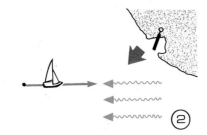

Tidenströme ändern innerhalb 6 h ihre Richtung bis zur Gegenrichtung und damit den scheinbaren Wind. Es ist deshalb günstig, quer zu einer günstigen Stromrichtung zu segeln (1) und gegen die ungünstige Stromrichtung (2). Das Ziel liegt NE-lich, und daher kommt auch der Wind.

Der Strom C modifiziert den geographischen Wind W zu dem Oberflächenwind T, wie das Vektordiagramm zeigt. Der Stromwind weht mit Stromgeschwindigkeit der Stromrichtung entgegen. Bilden Wind und Strom einen spitzen Winkel, dann ist T langsamer als W. Bei arccos (C/(2w)) sind W und T gleich, hier ist arccos (C/(2W)) = 79,9°.* Schließen W und C einen größeren Winkel ein, wird T > W. Bis zum genannten Winkel raumt T immer stärker, 20,2° werden in der Zeichnung erreicht, bei der das Wind/Stromverhältnis gleich 3,15 ist. Meist ist dieses Verhältnis wesentlich größer, und dann muß die Yacht, die 1…2 den Strom auf Leebug hält, doch einen Kreuzschlag machen (3), wenn sie zu einem Ziel im Auge des Windes gelangen will.

* *Das ist eine Nährungsformel, die bis W/C ≥ 2,5 ausreichend genau ist.*

dem wahren Wind zum modifizierten Wind oder Oberflächenwind zusammen; dieser Wind kann schneller sein als der wahre, muß aber nicht.

Ob man in Tidenströmen, die ihre Richtung ja wechseln, wenden soll, wenn der Strom gekentert ist, ist ein am Ärmelkanal viel diskutiertes Thema. Tatsächlich ist eine von den Needles der Isle of Wight nach Cherbourg segelnde Yacht eher am Ziel, wenn sie stur Südkurs segelt. Ihr Weg

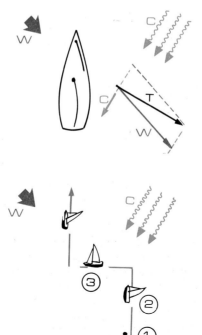

über Grund gleicht dann einer Sinuskurve. Wenn der Strom aber für längere Zeit dieselbe Richtung hat, wird man auch einmal wenden und den Strom auf die Luvseite nehmen müssen, und es hat keine Nachteile, wenn man das macht. Wenn der Strom stark genug ist, mag es gelingen, das Ziel mit einem Schlag zu erreichen. Obwohl man 45° am Wind 20° vom Ziel wegsegelt, versetzt der Strom, zusammen mit dem durch ihn modifizierten günstigeren Wind, das schneller laufende Boot so, daß es gelingt. (Es wäre freilich ein Glücksfall wie das große Los in der Lotterie.)

Die ganze Leebug-Theorie bricht zusammen, wenn der Strom sehr spitz auf den Leebug trifft. Manche glauben, daß sie mit Kneifen den Strom noch auf Leebug bringen können und dadurch nach Luv geschoben werden, aber alles was passiert ist Fahrtverlust und wahrscheinlich auch mehr Abdrift. Am scheinbaren Wind ändert sich so gut wie nichts, ob der Strom nun 3° auf Lee- oder Luvbug oder genau gegenan kommt. Wenn zudem das Verhältnis Windgeschwindigkeit/ Stromgeschwindigkeit sehr groß ist, und das ist es schon bei 10:1,5, dann raumt der Wind maximal um 8,6° und wird erst verstärkt, wenn der Winkel zwischen Strom und Wind > 85,7° wird; bei 90° um 11 %, dafür raumt er aber schon wieder weniger: 8,53°.

Dem zeitgemäßen Nautiker einer Fahrtenyacht kann nur geraten werden, sich mit seinem „wissenschaftlichen" Taschenrechner und seinen Winkelfunktionen, seiner Koordinatenverwandlungsfunktion und der Statistikfunktion (zur Koppelrechnung) intensiv zu beschäftigen, bis er sie begriffen hat, und dann in der Navigation zu rechnen, statt auf die Sprüche sogenannter Regattataktiker zu hören.

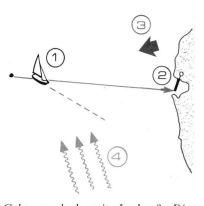

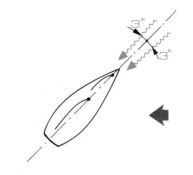

Geht es doch mit Leebug? Diese Zeichnung wurde ohne Geschwindigkeitsplan gemacht, aber mit etwas Glück klappt es: Weg über Grund 096°, 3,2 sm; Strömung 342°, 2 kn; nötige Fahrt durchs Wasser 4,4 kn, Kurs 120,5°; Geo-Wind 7,1 kn; T-Wind fällt mit 60° ein, 7,3 kn; scheinbarer Wind 38°, 10,24 kn. Es ist keine sehr schnelle Yacht. Es dürfte selten klappen.

Navigation vor dem Wind

Vor dem Wind ist das Navigieren offensichtlich einfacher, weil die befohlenen Kurse auch gesegelt werden können. Davon weicht man höchstens ab, um Vormwindsegel setzen zu können, wie Spinnaker, Ballon, ausgebaumte Fock oder Genua. Es ist unter manchen Seebedingungen aber auch schwierig, platt vorm Wind zu laufen. Vor allem läuft man mit raum-achterlichem Wind schneller als mit Wind recht von achtern. Zwar segelt man dabei einen Umweg, wenn das Ziel recht voraus in Lee liegt, und es kommt darauf an, den Geschwindigkeitsgewinn zu finden, bei dem der Umweg kompensiert oder überkompensiert wird. Das ist keine überan-

Die Leebugregel findet ihre Grenze, wenn das Wind-/Stromverhältnis gleich 20 oder noch größer wird, denn der Strom kommt dann 3° spitz, und es macht praktisch keinen Unterschied, ob man direkt in den Strom hinein segelt oder ihn 3° an Backbord oder Steuerbord nimmt. Bei der dargestellten Wind-Stromlage muß freilich ein recht kräftiger Wind wehen – sagen wir 20 kn, wobei der Strom dann nicht schneller als 1,2 kn setzen darf. Der Windpfeil soll hier den modifizierten Wind zeigen. Bei kräftigem Wind segelt man auf Tempo und kümmert sich nicht um den Strom.

Von einer Winddrehung vorm Wind auf dem falschen Bein erwischt zu werden, ist nicht so irritierend wie am Wind; aber schneller segelt man, wenn es einem nicht passiert. Mit Wind W1 segelt die Yacht mit Stb-Schoten los, halst klugerweise aber bei (2), um luvwärts vom Ziel zu bleiben. Als sie bei (3) ist, schießt der Wind aus (W2), so daß sie nun halsen kann. Hätte sie nicht bei (2) gehalst, sondern bei der Winddrehung in Position (5) gestanden, hätte sie via (7) vor dem Wind segeln oder mit einer Halse auf den ungünstigen Kurs (6) gehen müssen.

strengende Arbeit, nur muß man sie mit seinem Boot einmal gemacht haben und beim Halsen von zehn zu zehn Grad scheinbarer Wind notieren, um wieviel Prozent oder um welchen Faktor die Fahrt wächst – es ist hier praktischer, sich den Kurs zum scheinbaren Wind zu notieren, weil der am Windgerät angezeigt wird.

Eine Winddrehung kann einen natürlich auch hier auf dem falschen Bein erwischen, aber das Ärgste ist hier nur, daß man platt vorm Wind weiterlaufen muß.

Auch auf solchen Kursen muß man sich als Nautiker darum kümmern, wie der Steuermann steuert, denn der kommt dabei leicht ins Wandern, meldet einem aber den befohlenen Kurs.

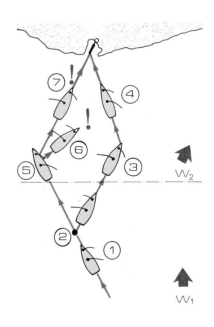

Das Global Positioning System (GPS) Navstar ist für Anfang der 90er Jahre zu erwarten und arbeitet mit 18 geostationären Satelliten, von denen immer drei über dem Horizont stehen, so daß von ihnen drei Standlinien und somit sehr genaue Positionen zu bekommen sind.

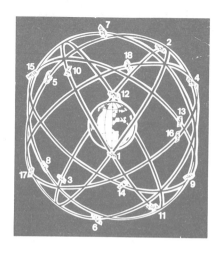

Elektronische Schiffsführung

Noch vor 20 Jahren hätte keiner sich träumen lassen, mit wie winzigen Geräten und geringem Stromverbrauch Yachten heute navigieren. Satelliten gab es schon, Loran-C gab es schon, aber nur Omega schien für Yachten eine Zukunft zu haben. Doch bald sprach es sich herum, daß Omega allein nicht genügt, es die Navigation von einem bekannten Ort aus nicht weiterführt, wenn der Empfang durch Unterbrechung der Stromversorgung oder atmosphärische Störungen auch nur einmal ausgefallen ist. Das Verfahren bleibt als Überbrückungshilfe zur derzeitigen Satellitennavigation bis etwa zum Jahr 2000 erhalten.

Transit-Satelliten (Satnav)

Dieses System der US-Navy arbeitet seit 1964, aber erst 1980 kamen Geräte auf den Markt, die seine Nutzung auf Yachten erlauben. Die Vorteile von Satnav sind weltweite Verfügbarkeit Tag und Nacht, Genauigkeit fast so gut wie Loran und Decca und weitaus besser als Omega, wetterunabhängig, große Zuverlässigkeit, exakte Weltzeitsignale, Spezialtafeln und -karten sind überflüssig. Ist der Empfängerrechner einmal richtig eingestellt, arbeitet er automatisch. Der Hauptnachteil des Verfahrens ist, daß es nicht laufend ortet, sondern in Zeitabständen, die bis zu 90 min dauern können. Die besseren Geräte koppeln dann automatisch weiter und korrigieren, wenn wieder ein Satellit über dem Horizont erscheint. Fehlt der Koppelrechner oder ist er nicht an Kompaß und Log angeschlossen, dann muß der Navigator koppeln.

Das System arbeitet mit fünf Satelliten in etwa kreisförmigen über die Erdpole führenden Orbits etwa 1075 km außerhalb der Erdoberfläche, die quasi einen Käfig bilden, innerhalb dessen sich die Erde dreht.

Die Satelliten werden von vier Erdstationen aus überwacht und notfalls in ihren Signalen berichtigt. Die Umlaufzeit eines Satelliten beträgt 107 min. Sie senden Radiosignale mit den Frequenzen 150 MHz und 400 MHz aus mit letzterer arbeiten die Yachtempfänger, die alle Einkanalempfänger sind.

Der Vergleich der empfangenen Frequenz mit einer Vergleichsfrequenz durch einen Mikroprozessor ergibt eine Dopplerzahl, die vorübergehend abgespeichert und mit der Dopplerzahl verglichen wird, die theoretisch gemessen werden müßte, wenn sich die Yacht am Koppelort befindet. Ist der Koppelort nicht richtig, dann verschiebt der Computer mit einer Iterationsrechnung den Ort so lange, bis Ort und Dopplerzahl sich reimen. Das wird einigemal während des Satellitendurchgangs wiederholt, und die dann berechnete Position ist auf 90 m genau, wenn das Schiff stilliegt, aber die Genauigkeit verschlechtert sich um jeweils 180 m mit jedem Knoten Fahrt.

Navigationssysteme

Ozean

Mittel	Methode	Genauigkeit	Verfügbarkeit	Bemerkung
Satnav Transat	Dopplermessung des Satellitsignals	0,25 sm/kn Fahrtfehler	Ganze Welt jedes Wetter periodisch	Mittl. Ortungsintervall 90 min
Omega	10…14 kHz Hyperbel	1,0 sm tags 2,5 sm nachts	Weltweit laufend	Athmospärische Störungen
Loran-C Raumwelle	Hyperbel	10…17 sm	N-Atlantik N-Pazifik	Nur bei genug Rauschabstand
Astronomisch	Sextant, Jahrbuch, Tafeln o. Rechner	2…5 sm	Wetterabhängig	

Küste

Mittel	Methode	Genauigkeit	Verfügbarkeit	Bemerkung
Decca	80…120 kHz Hyperbel	Raumwellenstörung während Dämmerung	Laufend, ca. 240 sm vom Hauptsender	Skandinavien bis Gibraltar, Biscaya ungenau
Loran-C Bodenwelle	Pulssignal 100 kHz Hyperbel	< 1 sm	1200 sm von Senderbasis	Nur Nordsee, W-Atlantik, E-Pazifik, Mittelmeer, Saudi-Arabien
Funkfeuer	Peilantenne	Nahbereich 2° Mittelber. 5° Fern > 10°	Meist periodisch in Gruppen gleicher Frequenz	Dämmerungsfehler, Landablenkung möglich, Fernpeilg. unzuverlässig
GPS Nacstar	Ortsfeste Satelliten	Noch keine Erfahrung	Weltweit laufend	Vermutlich zuerst nur militärische Nutzung

Übersicht über die elektronischen Navigationshilfen, ergänzt mit dem weltweit immer noch wichtigen astronomischen Verfahren, das für Seglers Ozeanpassagen den Vorteil hat, keinen Strom zu brauchen. GPS wird mit viel Vorschußlorbeer bekränzt — warten wir's ab!

Das für Yachten seit etwa 1980 verfügbare Satnav-Verfahren arbeitet mit fünf Satelliten in Polumlaufbahnen. Weil damit keine laufende Ortung möglich ist, eignet es sich nur für die hohe See.

Fehler

Wie zu erkennen, handelt es sich um von Zeit zu Zeit aufgebesserte Koppelnavigation. Gewöhnlich bekommt man etwa alle 90 min einen ziemlich genauen Schiffsort, aber es kann auch vorkommen, daß man drei Stunden warten muß, bis wieder mal ein Satellit hoch genug über der Kimm erscheint. Deswegen ist ein Anschluß des Rechnerempfängers an Sensoren für Kurs und Fahrt dringend anzuraten. Es ist besonders nachts eine leidige Erfahrung aller Yachtnavigatoren, daß die Wachen nicht koppeln, nicht einmal festhalten, wann Fahrt, Kurs, Wind oder Segel gewechselt worden sind.

Anzumerken ist noch, daß das Fix (wahrer Schiffsort), das der Rechner ausgibt, etwa 18 min alt ist, und weil der Rechner einen Koppelort verbessert, hängt die Genauigkeit auch davon ab, was der Navigator dem Rechner als Fahrt, Kurs und Stromeinfluß gefüttert hat, Abdrift nicht zu vergessen.

Kartenfehler

Die Ortsberechnung bei Satnav bezieht sich auf das World Geodetic System 1972 (WGS72). Europäische Seekarten aber beziehen sich auf das europäische Ellipsoid von 1924. Der Unterschied zwischen den Exzentrizitäten beträgt 0,21 % − nicht der Rede wert bei größeren Küstenabständen. In Küstennähe und schwierigen Revieren (Torresstraße, Bahamas) gibt Satnav nicht genug Sicherheit.

Vorsicht

Übliche Bedienungsfehler sind:
1. Eingabe der Zonenzeit statt der Universalzeit 1 (MGZ) führt zu keinem Fix, denn die Rechnerzeit darf höchstens ± 15 min von UT1 abweichen.
2. Nahe dem Null- oder dem Datumsmeridian wird irrtümlich Westlänge statt Ostlänge eingegeben oder umgekehrt. Liegt der Gißort weiter als 60 sm vom tatsächlichen Schiffsort entfernt, kann kein Fix berechnet werden. Manche Rechner machen dann eine Wegpunktanzeige (Distanz, Azimut).
3. Manchem Rechner muß das richtige Bezugsellipsoid (Zone) eingegeben werden. Er rechnet dann die Kartenkorrektur automatisch aus.
4. Zu geringe Aufwärmzeit. Der Schwinger braucht zur Stabilisierung mindestens 45 min vor dem Auftauchen eines Satelliten, sonst erscheint „no fix" oder ein ungenaues.
5. Wackelkontakte an Schnittstellen für Kurs und Log führen zu Eingabefehlern.
6. Überholte Eingaben erscheinen prompt bei Einschalten des Geräts wieder im Rechner und führen zu falschen Rechnungen. Meist wird eine alte Stromeingabe nicht gelöscht.
7. Bei Eingabe zahlreicher Wegpunkte prüft man Kurse und Distanzen am besten mit einem dafür geeigneten Taschenrechner noch einmal nach oder vergleicht mit dem Reiseplan.

Hyperbelortungen

Drei der Ortungsverfahren zählen zu den Hyperbelverfahren: Omega, Loran-C und Decca, die alle eine laufende, ununterbrochene Ortung erlauben. Sie beruhen alle auf einer sehr exakten Messung der Laufzeitunterschiede zeitgleich von zwei Sendern ausgesandter Radiosignale bis zum Empfänger. Würde man sein Schiff so führen, daß immer derselbe Zeit- oder Phasenunterschied angezeigt wird, würde sich das Schiff auf einer Hyperbel bewegen. Anders gesagt: Die Hyperbel ist der geometrische Ort gleicher Entfernungsdifferenzen von zwei festen Punkten. Jede Hyperbelkurve hat ein Spiegelbild, und die festen Punkte sind die Brennpunkte der beiden Hyperbeläste. Sind beide Entfernungen gleich, entarten die Hyperbeläste zu einer einzigen Geraden, der Symmetrieachse zu den beiden Punkten oder Sendern in unserem Falle. Solche Hyperbelscharen werden als farbige Netze auf Seekarten gedruckt und dienten bis zur Entwicklung der Mikrocomputer zur Ortsbestimmung. Heute rechnen die Empfängercomputer gleich die Koordinaten des Schiffsortes aus, aber das ist mit Vorsicht zu genießen, weil es Unterschiede in der Ausbreitungsgeschwindigkeit von Radiowellen gibt.

Omega

Es ist das einzige Verfahren, das weltweit laufende Ortung bietet. Es wurde 1968 begonnen und 1980 mit der Inbetriebnahme des achten Senders in Australien voll funktionsfähig. Aber vor Fertigstellung hatte es sich schon einen schlechten Ruf erworben. Es arbeitet mit sehr niedriger Frequenz von 10…14 kHz im Phasenvergleichsverfahren mit acht über die Welt verteilten leistungsstarken Sendern, die bis zu 5000 sm lange Basen haben. Die Sender stehen in Norwegen, Liberia, Hawaii, North Dakota (USA), La Réunion, Argentinien, Japan und Australien. Sie arbeiten mit vier Frequenzen. Die Grundfrequenz ist 10,2 kHz (Wellenlänge 16 sm). Die Sender arbeiten nach einem Zeitplan nacheinander, und jeder wird an seiner Pulslänge und seiner Stelle in der Sendefolge identifiziert. Bei 10,2 kHz bestehen zwischen jedem Senderpaar an die 600 „Gassen" (lanes) und zusätzliche Frequenzen helfen einem zu entscheiden, in welcher 10,2-kHz-lane man sich befindet. Dem Omega-Empfängerrechner muß eine Startposition eingegeben werden, von der aus er dann weiterrechnet. Er darf nicht abgeschaltet werden, weil er die Gassen vom Startort ab zählt und nicht von sich aus eine Position finden kann. Ist das Gerät nur für 10,2 kHz ausgerüstet, muß der Navigator seine Position auf 4 sm genau kennen, um es auf die richtige Gasse zu setzen. Mit Mehrkanalempfänger sieht es günstiger aus, weil diese Frequenzen breitere Gassen ergeben; z. B. 13,6 kHz solche von 24 sm Breite, 11,33 kHz solche von 72 sm. Störungen in der Ionosphäre, Nordlicht und unterschiedliche Ausbreitungsgeschwindigkeiten bei Tag und Nacht und zu verschiedenen Jahreszeiten belasten den Navigator mit einer Menge Korrekturtafeln und Interpolationsrechnungen. Das Verfahren ist mehr ein Lückenbüßer für die Pausen zwischen den Satellitendurchgängen von Transat/Satnav.

Loran-C

Dieses Hyperbelortungsverfahren garantiert einen zuverlässigen Bodenwelle-Empfang bis zu einer Entfernung von 800…1200 sm von der Basis dreier zusammenwirkender Sender (Hauptsender und zwei seiner Nebensender). Die Raumwelle kann bis zu 2300 sm weit von den Sendern benützt werden, und eine Verwechslung oder Überlagerung von Boden- und Raumwelle ist bei dem Verfahren ausgeschlossen. Die Sender werden zum größten Teil von der US Coast Guard (USCG) betrieben, die die Sender aber um 1990 herum den Nationen, auf deren Boden sie stehen, schenken will, wenn diese Nationen die Sender weiterbetreiben. Die Franzosen haben einen Hauptsender an der Westküste der Normandie in Betrieb genommen, und zur Zeit der Drucklegung dieses Buches hoffen die europäischen Nautiker, daß die Bundesrepublik Deutschland die Erweiterung des Nebensenders auf Sylt zu einem Nebensender auch für den neuen französischen Hauptsender bezahlt. Damit wäre dann die Nordsee völlig abgedeckt und weite Gebiete Westeuropas (für die Flieger und die Landnavigation). Zur Zeit sind nur die nördliche Nordsee und das Mittelmeer mit Loran-C versorgt. Nordatlantik, Kanada und die Küsten der USA einschließlich Hawaii sind selbstverständlich mit dem von den USA entwickelten Verfahren versorgt – ausgenommen die Bahamas. Auch Arabien hat zwei Loran-Ketten, die das östliche Mittelmeer, Rotes Meer, Arabischen Golf und Teile des Indischen Ozeans überdecken.

Zu einer Kette gehören drei bis fünf Sender, die alle auf derselben Frequenz von 100 kHz senden und mehrere hundert Meilen auseinander stehen. Damit werden viele nur wenig

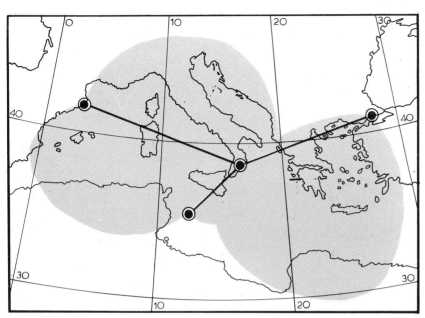

Mittelmeerüberdeckung durch Loran C. Die Genauigkeit in diesem Gebiet liegt bei 0,25 sm.

hinterher. Am Gruppenwiederholungsintervall (GRI) lassen sich die Ketten unterscheiden; genannt werden die ersten vier Ziffern des Intervalls. Die jetzigen Yachtempfänger verarbeiten die Signale gleich zu geographischen Koordinaten, erlauben das Speichern von Wegpunkten, rechnen Geschwindigkeit und Weg über Grund sowie Entfernung zum nächsten Wegpunkt und Kurs aus, übernehmen auch die Steuerung eines Autopiloten und schlagen bei Annäherung an einen Wegpunkt und bei Kursversetzungen Alarm. Mikroprozessoren machen's möglich.

Loran-C hatte bis vor kurzem in Europa nicht wie in Amerika eine Reservierung für die nötige Bandbreite 90...110 kHz, und es gibt noch eine Reihe Sender, die noch nicht umgestellt sind und die Loranempfänger durch zu eng nachbarliche Frequenz stören, so daß einfache Empfänger aus den USA hier nicht brauchbar sind. Doch die jetzt in Europa angebotenen Empfänger sind meist mit den nötigen Rauschfiltern versehen. Die in der Praxis erreichbare Genauigkeit wird mit 0,25 sm (463 m) angegeben, aber 550 m kommen in der Praxis auch vor. Die größten Ungenauigkeiten treten im Fernbereich

gekrümmte Hyperbelscharen erreicht. Die Anordnung ist so, daß immer der Master-Sender (M) und zwei seiner Nebensender (W, X, Y, Z) innerhalb des Deckungsbereichs empfangen werden können. Die Signale bestehen aus einer Gruppe von acht Impulsen. M hat noch einen Impuls mehr, der zur Verständigung innerhalb der Kette dient. M sendet zuerst, die Nebensender in zeitlich festgelegten Abständen

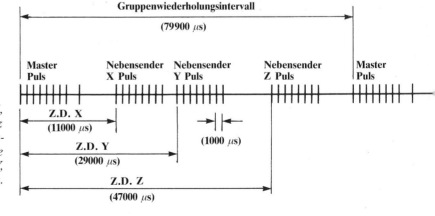

Schema der Pulssignale von Loran C, die alle die gleiche Frequenz 100 kHz haben. Die Mittelmeerkette hat ein Master-GRI (s. Text) von 79900 µs. Die Staffelabstände der Nebensender X, Y, Z sind 11000, 29000 und 47000 µs. (ZD = Zeitdifferenz).

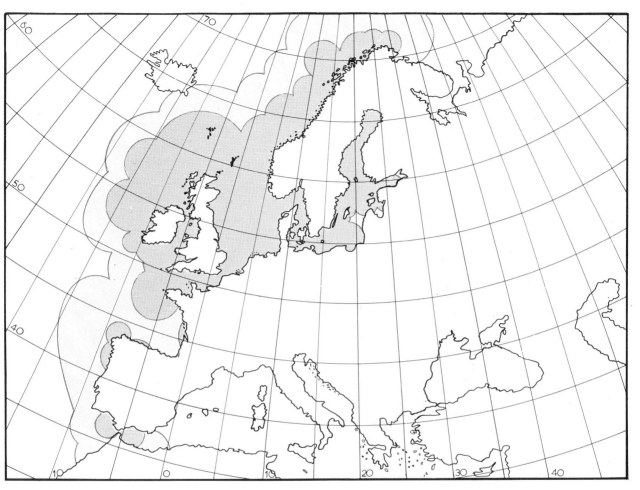

1500...2000 sm mit 10...17 sm auf, aber meist handelt es sich bei der Raumwelle nur um 3...4 sm Fehler. Hat man auf andere Weise einen exakten Schiffsort, und das Loran zeigt andere Koordinaten an, so kann man es bei Wegpunktgeräten durch Eingabe der richtigen Koordinaten für einen Umkreis von etwa 100 sm Radius korrigieren, ohne sich viel Gedanken über Ausbreitungsgeschwindigkeiten von Funkwellen machen zu müssen. Nahe bei den Sendern im Gebiet der Basisverlängerungen wird die Ortung wegen spitzer Hyperbelschnitte ungenau.

Die Decca-Überdeckung Westeuropas reicht vom Nordkap bis (Raumwelle) Gibraltar, doch Decca ist an der Tag/Nachtgrenze ungenau. Loran-Dekkung für Europa wird angestrebt.

Decca

Dieses Hyperbelortungsverfahren erlaubt ständige Ortung von Nord-Norwegen längs der Küsten bis − mit Vorbehalten − Südspanien. Tatsächlich ist die Biscaya und die westiberische Küste ein Raumwellenfall, weil die Franzosen nie für Decca zu haben waren. Decca ist jedoch überall da verbreitet, wo britischer Einfluß herrschte, also auch in Australien, Indien, Südafrika und im Persischen Golf. Anders als Loran arbeiten hier Haupt- und Nebensender auf verschiedenen Frequenzen im Bereich von 70...130 kHz ununterbrochen, also nicht mit Impulsgruppen, was es unmöglich macht, Bodenwelle und Raumwelle im Empfänger zu unterscheiden. Zur Dämmerungszeit ist das Verfahren unsicher bei größerer Entfernung von den Sendern. Die Reichweite ist nicht sehr groß: 400 sm am Tage, 250 sm bei Nacht, gerechnet vom Hauptsender aus. Die Sender stehen dichter beisammen: 60...120 sm vom Hauptsender entfernt, und die

Nebensender tragen Farbnamen nach den Standorthyperbeln, die sie zusammen mit dem Hauptsender bilden und die bis zur Erfindung der Mikroprozessoren in die Seekarten eingedruckt wurden und noch werden − von den nicht-britischen Karteninstituten für das private Wirtschaftsunternehmen Racal-Decca kostenlos. Auch die nicht-britischen Sender mit Ausnahme eines dänischen, der zur Hälfte Racal-Decca gehört, werden von den Nationen, auf deren Boden sie stehen, ohne Rechnung an Decca betrieben.

Das Verfahren ist trotz der einen genannten Schwäche gut, aber es hat andere Schwächen: 1. So wie es privatwirtschaftlich geplant und aufgezogen worden war, ist es technisch überholt. 2. Es ist auch zu kostenintensiv, selbst bei automatisch betriebenen Nebensendern, weil zu viele Sender zur Überdeckung der Gebiete nötig sind. 3. Decca verkaufte von Anfang an die nötigen Empfänger für ihr schon damals sehr willkommenes und auch heute noch gutes Verfahren nicht, sondern vermietete sie. Mit der Mikro-

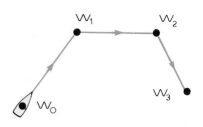

Wegpunkte (W) mit ihren exakten geographischen Koordinaten werden in die neuen elektronischen Ortungsrechner für Hyperbel- oder Sat-Nav-Empfänger eingespeichert oder als Polarkoordinaten, beispielsweise W1 nach W2 Kurs 092°, Distanz 17,3 sm. Der Rechner zeigt laufend Distanz zum nächsten Wegpunkt und eventuelle Kursabweichungen/Versetzungen an.

elektronik und vor allem den Chips und Mikroprozessoren und der Kenntnis der Mathematik der Hyperbelortung aber ließen sich viel billigere Decca-Empfänger bauen, die zudem mit Decca auch all das können, was Loran-Empfänger können: Standortkoordinaten, Wegpunkte, automatisches Steuern − nur in den Abend- und Morgenstunden nicht so gut. Und alle kosten weniger, viel weniger als die Jahresmiete für einen klobigen Decca-Empfänger. Das alles war mit der rapiden Entwicklung der Elektronik seit zehn Jahren vorauszusehen, aber das Management von Racal-Decca sah nichts und machte, überrascht von dänischen und niederländischen Elektronikfirmen, den vierten Decca-Fehler: Es gefährdete mit Manipulationen an den firmeneigenen Sendern die Sicherheit derer auf See, die sich die preiswerteren Empfänger für Decca gekauft hatten, und brachte damit ihr Unternehmen in moralischen Verruf.

Eine typische Decca-Kette mit Hauptsender (M) und zwei „Sklaven", die durch ihre Farben bezeichnet werden: P = purpur, R = rot, G = grün. Reichweite etwa 240 sm von der Kette aus. Die Sender arbeiten mit unterschiedlichen Frequenzen, Boden- und Raumwelle sind nicht zu unterscheiden.

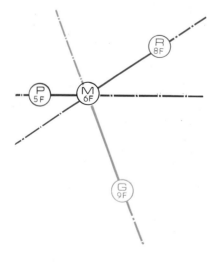

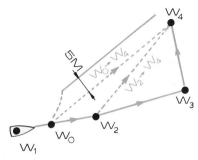

In der Wegpunktnavigation können Richtung und Distanz von der augenblicklichen Position zu jedem anderen Wegpunkt abgerufen und angezeigt werden ($W_0 - W_4$) oder auch ein Parallelkurs dazu in einem bestimmten Abstand. Viele Geräte erlauben eine Koppelung mit Kurssteuerautomaten. M = sm

Die Genauigkeit von Decca ist in Metern bei normalen Empfangsbedingungen ungefähr gleich einem Zehntel der Entfernung vom Hauptsender in Seemeilen. Die modernen (Racalfremden) Decca-Empfänger sind sicher noch eine gute Empfehlung bis ins nächste Jahrhundert.

Wegpunkte

Dieser Begriff in der Nautik ist mit der Elektronik aufgekommen, genauer: mit den Mikroprozessoren, die aus den Signalen von Loran oder Decca laufend ausrechnen, wo wir uns befinden, in deren Speicher wir aber auch beliebig Koordinaten solcher Orte eingeben können, zu denen wir segeln wollen, eben der Wegpunkte, die wir so festlegen, daß sie gefahrlos auf einem geraden Kurs angelaufen werden können, und von denen aus dann mit neuem Kurs weitergelaufen wird bis zu einem weiteren Wegpunkt.

Je nachdem wie groß die Speicherzahl des Gerätes ist, kann man eine ganze Reise oder ein großes Stück davon in Wegpunkten eingeben. Bei Annäherung an einen Wegpunkt gibt das Gerät ein akustisches Signal. Wegpunkte können auch mit Kurs und Distanz, also mit Polarkoordinaten, eingegeben werden. Wegpunkt 0 ist bei den meisten Geräten der augenblickliche Ort der Yacht; die weiteren werden in der Reihenfolge des Anlaufs numeriert. Man kann jederzeit vom derzeitigen Schiffsort aus Kurs und Distanz zu jedem eingegebenen Wegpunkt anzeigen lassen und sollte das auch gleich nach Eingabe der Wegpunktkoordinaten tun, um zu prüfen, ob man sich bei der Eingabe nicht vertippt hat.

Der Navigator kann jederzeit einen Wegpunkt verlegen oder einen Kurs eingeben, der am nächsten Wegpunkt vorbeiführt. Der Witz des Gerätes ist, daß es mittels der laufenden Ortsbestimmung die Geschwindigkeit und den Weg über Grund mißt, also auch Versetzungen durch Strom oder Wind erkennt, jederzeit Peilung und Entfernung zum nächsten Wegpunkt meldet und bei dem straff zeitgesteuerten Loran-C auch die Ankunftszeit beim Wegpunkt in Weltzeit (UTC) melden kann.

Eine gut instrumentierte Navigationsecke. Das Angebot der Ausrüster ist in allen Yacht-Nationen reichlich.

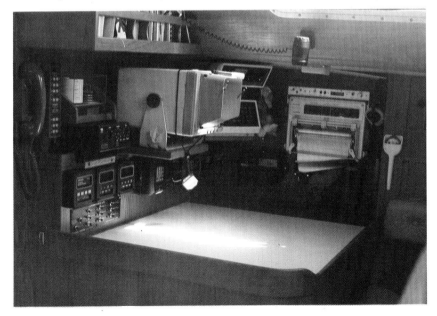

Interfaces

Der deutsche Ausdruck „Schnittstelle" trifft nicht so genau wie der englische. Es geht hier darum, daß elektronische Geräte mit anderen, später hinzukommenden Elektronikeinheiten verbunden werden können, seien es Datenspeicher, Sichtgeräte oder Drucker. Die Sache wäre einfach, wenn die Gerätehersteller wenigstens die äußeren Schnittstellen (Stekkerkontakte) nach einheitlicher Norm fertigen würden. Sie machen sich vor dem Gerätekauf am besten Notizen über die verschiedenen erhältlichen Schnittstellen, besorgen sich Kopien über deren elektrische Daten und achten dann darauf, daß die Geräte, die Sie kaufen wollen (eventuell nach und nach), miteinander zu verbinden sind. Die verbreitetste Norm ist RS-232-C (V.24-Norm) für ± 12 V, in der Datenformat, Übertragungsprozedur, Signalpegel, Steckerform, Pinnenbelegung, Übertragungsrate und maximale Reichweite (Kabellänge) festgelegt sind. Die US Marine Electronics Association hatte eine Norm für die Steuerung von Autopiloten entwickelt, die inzwischen zur Norm NMEA 0183 erweitert worden ist zur Verbindung von Autopiloten, Computern, Kreiselkompaß, Satnav, Omega und Loran und weiteren Navigationshilfen. Ein Schritt in die richtige Richtung, dem aber leider viele Hersteller nicht folgen. Es ist aber denkbar, daß kleinere Elektronikhersteller Interfaces zur Verbindung unterschiedlicher Fabrikate basteln, wie das in der Computerbranche schon praktiziert wird.

Bildschirm

Zum Dialog mit dem Computer gehört der Bildschirm, und das ist immer noch die von Karl Ferdinand Braun 1897 erfundene Braunsche Röhre, wenn auch in weit verbesserter Form. Ihr noch nicht überwundener Nachteil besonders in einer Yacht: Sie braucht Tiefe und hat einen hohen Stromverbrauch. Schwer ist sie zudem, und eingangs war die Rede vom Gewichtsparen. Flüssigkristalle (LCD), wie sie schon bei Taschenrechnern und Digitaluhren verwendet werden, sind für Text und Graphik so nicht brauchbar. Die Japaner haben es mit Matrix versucht, aber die Spannungsunterschiede zwischen „ein" und „aus" sind zu gering, der Kontrast zu schwach. Doch bei Brown Boverie & Cie ist das schwierige Schaltungsproblem mit einem physikalischen Trick beim Flüssigkristall selbst überwunden worden. Der Bildschirm ist zwar nur einfarbig (dunkelblau/weiß), dafür aber auch nur fingerdick. Etwa 1987 könnte die Serienfertigung anlaufen. Als Nutzanwendung für den Navigationsbildschirm wurde vorgeschlagen, eine Kurve der ja nie ganz konstanten Windrichtung aufzeichnen zu lassen, aber das wäre wohl Spielerei mit Nachrichten, die schon Geschichte sind. Mittelwert und mittlere Abweichung kann man ebenso schön über die Statistikregister bekommen, über die jeder bessere Minicomputer verfügt.

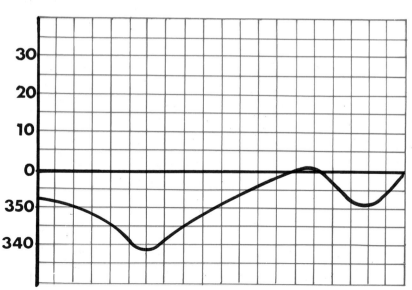

Darstellung des wahren Windes auf dem Bildschirm.

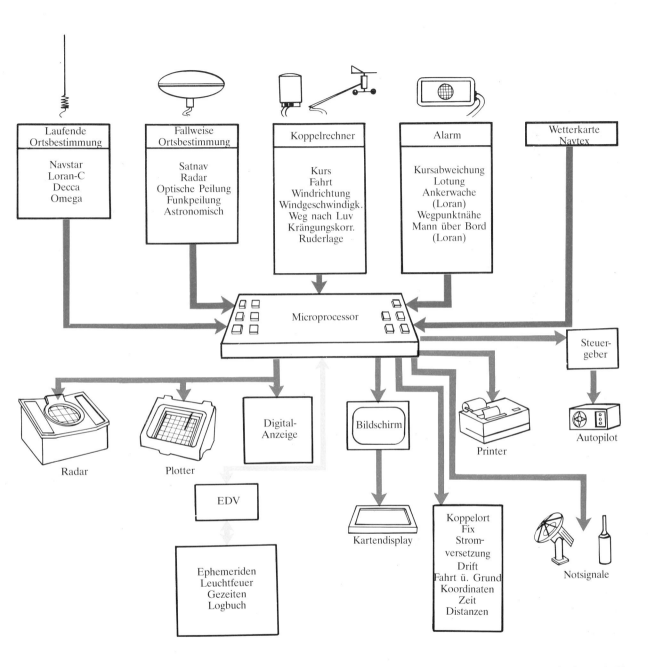

So mag zukünftig ein integriertes elektronisches Navigationssystem aussehen. Da die Komponenten immer noch kleiner werden und der Stromverbrauch geringer wird, mögen sich solche Zentralen einführen. Manche Yachten haben schon jetzt Teile davon in Betrieb.

Analogmesser für ein integriertes Navigationssystem mit digitaler Anzeige gewünschter Daten.

Navigationszentrale

Vielleicht träumen einige schon von solch einer Zentrale, wie sie die Abbildung zeigt − anderen wird es ein Alptraum sein. Der Sport bei der Navigation würde restlos verschwinden, und man brauchte seinen Kopf nur noch auf Fehlersuche zu trainieren und anzustrengen, um die störenden Käfer (bugs) in der Elektronik zu finden. Das könnte schwierig genug sein.

Racal-Decca hat einen integrierten Zauberkasten Marine Navigation System 2000 auf den Markt gebracht, der Satnav, Decca, Loran-C und Omega beherbergt, aber wenn in diesem Kasten etwas kaputtgeht, dann fallen eventuell alle diese Möglichkeiten aus. Wohl dem, der dann noch weiß, wie man mit einem Handpeilkompaß umgeht, wie man aus Seitenpeilungen den Küstenabstand berechnet und aus einer Kompaßpeilung eine rechtweisende macht.

Erinnern wir uns an das Thema dieses Buches. Was da als künftige Navigationszentrale zu sehen ist, das wiegt zum größten Teil auch weiterhin ziemlich schwer, trotz aller Mikroelektronik, weil wir die Ergebnisse je lesen können müssen, womit eine bestimmte Größe bei Druckern, Plottern und Bildschirmen nicht unterschritten werden kann.

Noch gar nicht haben wir von der Redundanz gesprochen. Statt all der vielen Apparate ist es wohl besser, von einem, möglichst dem besten System, zwei gute gleichartige Apparate zu haben.

Unterbemannt

Die meisten Eigner stellen sich eine schnelle Reise mit ausreichender Mannschaft vor. Manchmal kriegt man nicht die nötige Anzahl zusammen, aber kann trotzdem auch mit etwas zu kleiner Crew noch gut segeln. Mit „unterbemannt" meine ich hier aber den Solotörn oder den schnellen Törn zu zweit. Es ist schon ganz gut, sich dann helfen zu können, denn manchmal trifft die Crew gar nicht ein, oder es werden Leute krank und müssen von Bord gehen. Für solche Fälle ist dieses Kapitel gedacht.

Minimannschaftsregatten

In den letzten 20 Jahren sind mehr und mehr Regatten mit einem oder zweien als Mannschaft ausgerichtet worden, und die Entfernungen sind immer größer geworden. Zu Dutzenden haben einsame Fahrtensegler ohne viel Aufhebens weite und weiteste Reisen gemacht. Also stehen Mög-lichkeit und Reiz solcher Unternehmungen außer Frage.

Ausrüstung für die Ein- und Zweihandsegelei ist entwickelt worden, doch seltsamerweise nur in wenigen Stücken. Bei einer Bootsbesichtigungsrunde vor einer der letzten Einhandregatten über den Atlantik hatte ich den Eindruck, daß viele von denen gute, schnelle Kreuzer und etwas aus der Mode gekommene Rennyachten waren − abgesehen von den gesponserten Exoten, Multi- und Einzelrumpfriesen.

Das meiste der Ausrüstung für Einhandsegler ist auch für ein voll bemanntes Boot brauchbar; ausgenommen vielleicht das Windfahnenruder. Alles, was einem da noch als Ausrüstung einfällt, wie elektrische Autopiloten, selbstholende Winschen, im Mast einrollbares Großsegel und einrollbare Vorsegel, Fangbootshaken, sind längst auch auf bemannten Booten üblich. Wenn hier übrigens von Einhandseglern gesprochen wird, so betrifft das auch die Zweimannboote, bei denen ja gewöhnlich einer Freiwache unter Deck hat. Der Anker wird wohl ständig am Bug gefahren, wenn die Fahrt in Küstennähe stattfindet. Dazu gehört eine Ankerwinsch. Unter Deck wird ein Kompaß über der Koje, dazu ein paar wichtige Tochteranzeigen mit Alarm für Lotung und auffrischenden Wind, zu finden sein. All das ist reichlich im Angebot des Fachhandels.

Etwas haben die vielen Rennen gelehrt: Es gibt keinen Rumpf und kein Rigg, das fürs Einhandsegeln besondere Vorteile hätte. Alle Formen und Größen sind erfolgreich und sicher gesegelt worden, und die besonders langen und schlanken Einrumpfboote zeigten keine besonderen Vorteile gegenüber den normaleren schnellen Fahrtenyachten, die im Kapitel 1 vorgestellt wurden. Wasserballast ist bei gewöhnlichen Regatten verboten, hat aber als Ersatz für die in Luv hokkende Crew gewisse Reize für Einhandsegler; da wird er nach Luv übergepumpt.

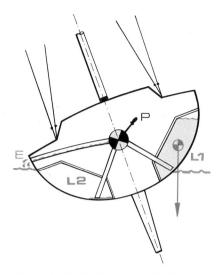

Wasserballasttanks an den Schiffsseiten trifft man selten, weil sie von den Regattaregeln verboten sind. Sie nehmen auch Wohnraum unter Deck weg, was für den Einhandsegler aber nicht wichtig ist. Dagegen kann er das Ballastgewicht in Luv (L1) zur Minderung der Krängung einsetzen, vor der Wende auf die andere Seite (L2) umpumpen (P), mit der Pumpe die Bilge lenzen und alles Ballastwasser außenbords pumpen (E), wenn vor dem Wind gesegelt wird.

Die Windfahne in Aktion.

Techniken

Wie schon angedeutet, sind die meisten Methoden des Einhandsegelns auch bei normaler und schneller Fahrtensegelei und sogar bei Rennen angewendet worden. 1. Rechtzeitig reffen, wenn es auffrischt, weil die meisten Yachten, auch moderne, langsamer werden, wenn sie mehr als 25° krängen. 2. Man meide die allzu flachen Rümpfe, die von großer Mannschaft ausgeritten werden müssen, außer man kann ihren Ballastanteil vergrößern oder anders verteilen. 3. Die Fallen sollten zu der Stelle führen, wo auch die Segel bedient werden, und mit Selbstholwinschen und Hebelstoppern versehen sein. 4. Wenn das Großsegel nicht in den Mast zu rollen ist (ratsam für Boote ab 12 m und mehr), sollte man das Bändselreff wählen, mit allen Reffstandern fertig gescho-

Ein zweites Vorsegel ist hier am einzigen Vorstag zum schnellen Segelwechsel angeschlagen.

126

Das 9-m-Boot dieses Einhandseglers fährt Wasserballast.

ren und einem weit genug nach achtern geführten Vorliekreffstander statt des üblichen Hakens. 5. Besondere Riggs, wie Freedom und Gallant, sollte man in Erwägung ziehen, aber es gibt keine Normlösung.

Ist man allein, dann ist die Kunst des Schlafens wirklich eine. Kurzschlaf nach Art der Katzen mit eingestelltem Wecker und Warnalarm für Lotung, Kurs und Wind ist bei ruhiger Lage ratsam. Eine Zweimanncrew teilt sich die Aufgaben außer dem Decksdient, den beide abwechselnd versehen; der eine kocht, der andere navigiert und ist wohl auch der Verantwortliche, der die Entscheidungen fällt. Oder die Wache an Deck entscheidet, was während der Wachzeit zu tun ist. In schwierigen Lagen müssen natürlich beide gemeinsam arbeiten. Wer auf Freiwache aus dem Schlaf aufwacht, sollte vielleicht mal nachsehen, ob der andere noch an Bord ist. Ob Wachen strikt nach der Uhr gefahren werden oder leichthin, wenn die Wache erklärt, nun sei sie müde und möchte abgelöst werden, das ist eine Frage, wie gut die Partner zusammenpassen.

Die Wache an Deck sollte im eigenen Interesse die Logkladde gewissenhaft führen, damit die Freiwache weiß, wo sie suchen muß, wenn die Wache nicht mehr an Bord sein sollte. Anschnallen sollte Pflicht sein, damit die Freiwache sich unbesorgt ausruhen kann.

Die Frage, welche Art Selbststeuerung man wählen soll, bedarf gründlicher Erforschung, wenn häufig unterbemannte Reisen beabsichtigt sind. Am besten unterhält man sich mit Leuten, die ein ähnliches Boot und dies oder das Windfahnenruder haben. Für freien Seeraum und Segeln in großen Küstenabständen hat die Windfahne wohl den Vorteil, keine Ampere zu verbrauchen, wie die elektromotorisch arbeitenden Autopiloten, die sich meist am eingestellten Kompaßkurs orientieren, neuerdings aber auch von Loran oder Decca oder auch von einer Windfahne gesteuert werden oder für alles nach Wahl offen sind. Die Windfahne wird noch lange Zeit das bevorzugte Selbststeuergerät für kleinere bis mittlere Segelyachten wegen der Energieknappheit auf solchen Schiffen bleiben.

Tips für Einhandsegler

Andere, vergleichsweise weniger bedeutende Arrangements können einem die Dinge erheblich erleichtern, wenn man allein oder zu zweit ist. Das gilt auch für bemannte Boote, ist bei denen aber nicht so zwingend.

1. Instrumente: Außer den schon mehrfach erwähnten Alarmmeldern gibt es nun auch Apparate, die zur rechten Zeit das Radio und Tonband zur Aufnahme des Seewetterberichts einschalten, und über einen wetterfesten Lautsprecher könnte die Wache ihn im Cockpit gleich mithören. Je vielseitiger die elektronische Ausrüstung wird, um so geringer wird der Bedarf an Mannschaft. Großzügig soll man mit Anschaffung und Installation von Tochterinstrumenten sein.

2. Segel für schweres Wetter staut man am besten in der Nähe des Cockpits oder in einem dichten, selbstlenzenden Kasten im Cockpit selbst. Alle Verbindungsschäkel sind selbstverständlich schon fertig am Segel angeschlagen.

3. Aussicht von unten könnte vorteilhaft sein, wenn keiner an Deck ist. Ein Spritzkappenverdeck über dem Niedergang sollte nach vorne ein durchsichtiges Stück haben. Eine Plexiglaskuppel im Kajütsdach macht einen Rundumblick aus der Geborgenheit der Kajüte möglich. Eine Sitzgelegenheit unter der Kuppel wäre auch nicht schlecht.

4. Einiges von den losen Dingen sollte in der Nähe der Plicht aufbewahrt werden, damit man es auf Wache schnell zur Hand hat. Wenigstens ein paar weiße Handfackeln, um andere Schiffe auf das eigene aufmerksam zu machen, ebenso einen Feuer-

löscher, eine sauber aufgeschossene Wurfleine, eine einsatzbereite Lenzpumpe, für die man nicht erst den Schwengel suchen muß, ein Fernglas in einer weichen Halterung, Handpeilkompaß und eine wasserdichte Stoppuhr in der wasserdichtesten Tasche des „Ölzeugs", um die Feuerkennungen auszumachen.

5. Rettungsinsel, EPIRB, Notpack sind nicht weit voneinander so gestaut, daß eine Person das alles auch in höchster Not und Eile mit der Insel zu Wasser bringen kann; einschließlich Segelmesser in der Hosentasche zum Kappen der Fangleine der Insel zum Boot.

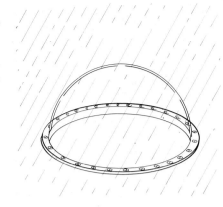

Eine Akrylglaskuppel mit Rundumsicht und Sicht nach oben.

Bei einer Mannschaft von ein bis zwei spricht viel für Ausrüstung mit Tochteranzeigen der Instrumente. A: für den Rudergänger Windanzeige, Speedlog, Lot, Kompaß. B: am Kartentisch außer den Instrumenttöchtern zu A noch Log, Hyperbelortung und eventuell Satnav, Funkstelle. C: über der Koje Kompaß(tochter), Windtochter, Alarm. D: vorne geschützt Windmesser und Kompaßtochter zur Information bei Arbeiten auf dem Vordeck. E: zusätzlich im Cockpit Zweitlautsprecher der Funkstelle und Alarm für Lot, Kursabweichung, Windzunahme.

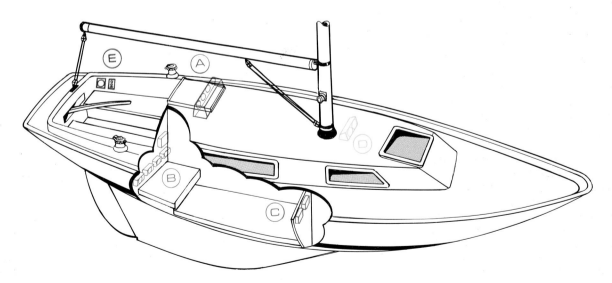

6. Ein starrer Baumniederhalter ist noch die beste Versicherung dagegen, daß der Baum der kleinen Mannschaft auf den Schädel fällt.

7. Die Motorsteuerung muß vom Sitz des Steuermanns aus auf Armeslänge erreichbar sein. Oft gebrauchtes Kleinwerkzeug verwahre in Taschen beim Niedergang, größeres in sicheren Kästen.

8. Feuerverhütung: Verbiete Rauchen in der Koje. Zum Gasherd und -durchlauferhitzer gehört ein elektrischer Gasmelder. Ein Rauchschnüffler kann sinnvoll sein für den Fall, daß sich längere Zeit niemand unter Deck aufhält.

9. Etwas Warmes braucht der Mensch. Tee oder Kaffee in einer Thermoskanne und ein Fertiggericht im Thermobehälter – nach zwölf Stunden schmeckt das alles nicht mehr, aber dann ist der Sturm meist auch viel ruhiger geworden.

10. Gegen Überbordfallen wirkt am besten Vorsicht und Vorsorge. Für den Fall, daß es dennoch geschieht, sind zu empfehlen: 1. Ständige Badeleiter am Heck mit vom Wasser aus erreichbarer und entriegelbarer Verlängerung ins Wasser; 2. nachgeschleppte Leine mit Halteknoten, die bei Zug die Windfahnensteuerung auskuppelt, so daß die Yacht in den Wind dreht und stoppt – nur wenige dürften kräftig und gegen Schock abgehärtet genug sein, sich an einer einfach nachgeschleppten Leine zu einer mit auch nur 2 kn segelnden Yacht zu holen, 1,03 m/s. Einsamsegler, die es für eine Möglichkeit gehalten haben mögen und es dann auch probieren mußten, sind jedenfalls nicht unter den Überlebenden, und die Toten können zu unserem Erfahrungsschatz nicht mehr beitragen.

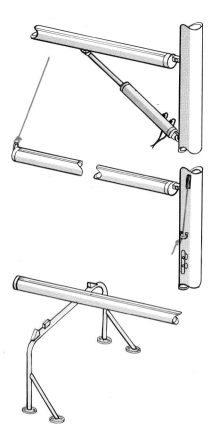

Damit einem der Baum nicht unerwartet auf den Kopf fällt, gibt es beispielsweise feste mechanische oder hydraulische Baumniederhalter, (altmodische) Baumgalgen mit Stoppern, die verhindern, daß der Baum vom Galgen rutscht, und eine handfeste Dirk mit Schnappschäkel an der Baumnock. Bei festen Baumniederhaltern ist es nicht immer ganz einfach, den Baum ganz herabzulassen.

Einrichtungen unter Deck

Eine vielleicht bedauernswerte Tatsache ist, daß Wohnkomfort oder gar Luxus unter Deck die Yacht nicht schneller, sondern möglicherweise nur die Reise angenehmer machen. Die Ausbaumöbel machen das Boot schwerer, aber nicht unbedingt fester, und sie legen möglicherweise den Schwerpunkt des Bootes höher und machen die Yacht am Wind ranker. Deswegen sind die Rennziegen innen ausgeräumt bis auf das Minimum, das von den Rennregeln verlangt wird. Das Klo steht wahrscheinlich frei im Vorschiff, ohne Vorhang, geschweige denn Tür.

Ein solcher „Ausbau" ist nichts für den Fahrtensegler, der auf seinem Schiff im Hafen und auf See wohnen will. Wenn man von oft nasser Wache nach unten kommt, tut Behaglichkeit gut. Eine private Ecke wäre schön, macht aber die Yacht größer und teurer. Für manche Eigner ist die Yacht ihr einziges Heim, für andere jedenfalls ihr Ferienheim. Für schnelle Reisen muß die Einrichtung funktionell sein und für die Hafentage wohnlich. Da die Einrichtung an den Segeleigenschaften der Yacht kaum etwas ändert, treffe man seine Wahl von Anfang an. Auch bei Serienbooten sind Änderungen in gewissen Grenzen bei der Einrichtung möglich. Ein Schott beispielsweise bei den Rüsteisen ist gewöhnlich ein strukturelles Bauteil und kann deshalb nicht verlegt werden. Beim Grundlayout einer Kreuzeryacht sind auch Kleinigkeiten wichtig, und der Konstrukteur muß wissen, wie das Leben auf See in gutem wie in schlechtem Wetter bei Tag und Nacht abläuft. Wenn das Wetter schon nicht gut ist, dann soll das Leben unter Deck wenigstens noch erträglich sein.

Bei den Rüsteisen trennt ein provisorischer Vorhang die Kajüte in zwei Privaträume.

Raumaufteilung

Die hier gezeigten sechs Einrichtungspläne (für unterschiedlich große Boote) können nur eine knappe Orientierung sein, denn groß ist die Zahl der Variationen und sehr variiert sind die Ansichten der Skipper und Bootskäufer. Der Anfänger weiß jedoch noch gar nichts, und er wird vielleicht annehmen, daß die Einrichtungen, die er auf Bootsausstellungen

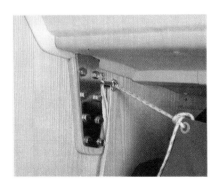

sieht, alle von Seebären entworfen worden sind, die schon viermal um die Welt getörnt sind. Da kann er Glück haben, aber ebenso auch großes Pech. Die hier gezeigten und kommentierten Einrichtungspläne eignen sich mit ihren Vor- und Nachteilen als gute Kompromisse für schnelles und natürlich auch bummelndes Fahrtensegeln. Auf die speziell für Bootsausstellungen und das Leben in Marinas gemachten Yachtentwürfe gehe ich hier nicht ein. Auch das Chartergeschäft fällt hier aus. Was denen fehlt, sind seefähige Kojen. Zu reichlich sind Tische und Arbeitsflächen ohne Schlingerleisten oder mit zu kleinen, allenfalls für Wohnmobile geeigneten. Schon zwei Tage auf See mit einer Einrichtung, die mit der Vorstellung gebaut worden ist, die Leute segelten doch nur vom einen zum nächsten Yachthafen, kann zur Qual werden.

Kojen

Immer mehr Doppelkojen kann man auf den Bootsausstellungen bewundern. Sie sind für ein Fahrtenschiff denkbar ungeeignet. Eine zur Doppelkoje umzubauende Dinette mag eine Schlafstätte für späte Gäste im Hafen sein, aber auf See ist die Umbauerei

schon lästig, wenn der Tisch der einzige an Bord ist. Sollen dann auch noch zwei dort schlafen, dann muß auch noch ein Zwischensegel zur Trennung der beiden geriggt werden. Das Ein- und Aussteigen bei solch einer „Koje" macht ein Theater, bei dem alle anderen Freiwächter auch geweckt werden. Breite Kojen suggerieren Komfort, man kann zur Not auch darauf schlafen, wenn die See nicht zu stürmisch ist. Komfortabel aber sind Kojen, in denen man sich festkeilen kann; nur in denen können sich die Muskeln beim Schlaf entspannen. Sind Einzelkojen knapp, entschließe man sich zur Teilung der Doppelkoje(n) mittels Kojenbrett; die Matratze muß dann auch geteilt werden. Die V-Kojen im Vorschiff, oft mit einem Füllstück, sind auf See ein zum Schlafen zu unruhiger, zu lauter Platz. Außerdem ist zuviel Gewicht und Ausbau im Vorschiff nicht gut für die See-Eigenschaften des Bootes – ausgenommen große Yachten von 14 m Länge und mehr. Die Ausführung als Doppelkoje ist hier jedoch sinnvoll, weil sie nur im Hafen benutzt wird. Es mag zwar stören, daß man sich da im Schlaf schon mal gegenseitig auf die Füße tritt. Zwei seitliche Kojen übereinander im Vorschiff sind, wo möglich, vorzuziehen.

(1) Zwar kann man mit diesem Layout reisen, aber es ist ein Serienrennboot von 10,3 m Lüa. 2 Kojen + 2 Hundekojen, Kartentisch unterm Brückendeck, Pantry beim Mast. Crew 6...7, also nur für Tagesregatten oder System „warme Koje". Die Yacht ist für lange Reisen von Konstruktion und Rigg her hervorragend geeignet, aber unter Deck ist es mies, selbst für einen sehr schnellen Kreuzer. Mit 3,15 m³ Verdrängung ist das Boot sehr leicht.

(2) Fast ebenso lang (10 m), aber bei einer Verdrängung von 3,54 m³ für die Reise besser ausgebaut, ist diese Serien-Seerennyacht. Viel in die Enden verlegtes Gewicht ist nicht gut für schnelle Fahrt, aber die Messe bietet Reisekomfort und Geselligkeit im Hafen. Es sind immer zwei Luvkojen zu haben; die im Vorschiff werden wohl nur im Hafen benutzt; insgesamt sind es 5 + 2. Navigationsecke und Pantry sind äußerst funktionell. Eine beliebte Klasse. Die Einrichtung ist üblich in Yachten von 9,75...11,6 m Lüa.

(3) Weil (2) gewiß ein verbreitetes und beliebtes Layout ist, wurde es leicht variiert auch für diesen etwas längeren Einzelbau aus den USA verwendet, einen Leichtbau von 4,18 m³ Verdrängung. Seekojen sind freilich etwas knapp. Mehr ein Schiff um von Marina zu Marina zu segeln. Für einen schnellen Langtörnkreuzer sind Doppelkojen auch bei Separierungsvorrichtungen lästig, wenn am Wind gesegelt wird.

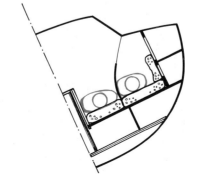

Doppelbett aus Dinette; auf See ist das nur brauchbar, wenn die Schläfer durch ein Kojensegel getrennt werden und der Außenschläfer durch ein Kojenbord oder den Tisch gegen Herausfallen gesichert ist. Mit diesem nicht recht befriedigenden Arrangement wurden mehr als 1500 sm gesegelt.

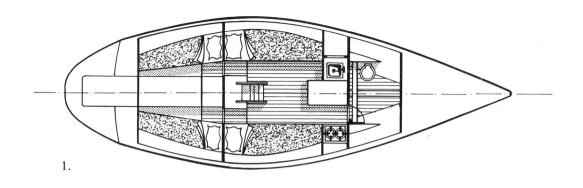

1.

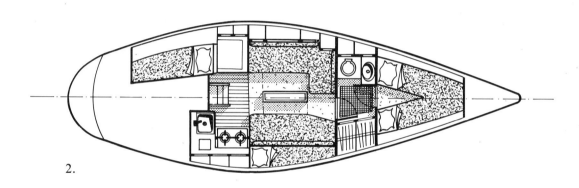

2.

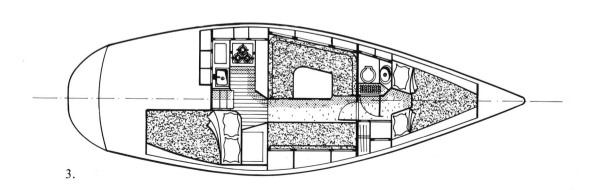

3.

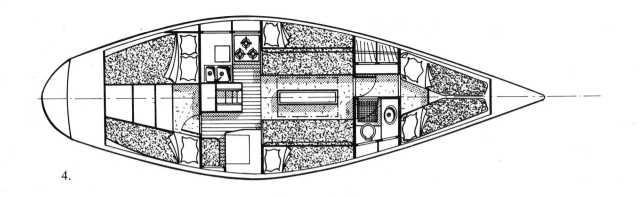

4.

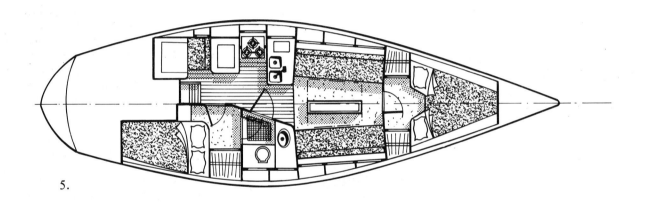

5.

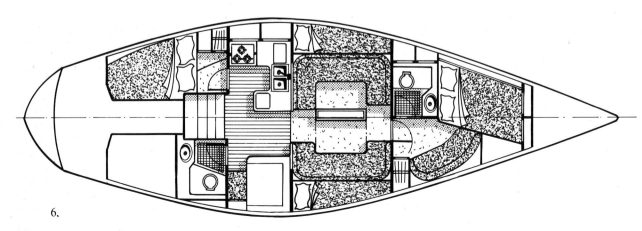

6.

(4) Dies ist ein sehr gut ausgestatteter schneller Kreuzer von internationalem Ruf. 1 m mehr Länge gegenüber (1) haben dem Architekten eine Einrichtung erlaubt, die nahezu perfekt für schnelle und lange Reisen ist. Weil der Niedergang vor einem Brückendeck und großer Plicht liegt, ist im Hinterschiff eine große Kammer mit Doppelbett, Einzelkoje und einer Kommode entstanden. Die Pantry und Navigationsecke und Toilette sind dort, wo die meisten Leute sie wohl gerne hätten. In der Messe sind zwei Luvkojen, aber es können auch zwei in den Lotsenkojen schlafen und so die Sofas freihalten. Rohrkojen im Vorlogis dienen als Notunterkunft im Hafen. Lüa 11,23 m, Verdrängung 7 m³.

(5) Größere Yachten geben dem Konstrukteur freiere Hand bei der Gestaltung des Innenausbaus, wenn dieser auch nicht jedem gefallen wird. Er ist aber das Produkt eines befahrenen Fahrtenseglers und Konstrukteurs für sich selbst. Rennabsichten hat er keine, aber Rumpf und Rigg sind leistungsfähig. Der Niedergang führt direkt in die Plicht, nicht mal die Großschot ist da im Weg, der Leitwagen läuft übers Kajütdach. Der Navigator sitzt weit achtern, und dahin schaut er auch. Die Pantry ist, ungewöhnlich, auf derselben Seite, doch damit ist an Stb Platz für einen großen Kleiderschrank in der Eignerkammer und für eine Toilette mit Dusche geschaffen. Die Messe liegt ziemlich weit vorn. Seetaugliche Kojen? Nun, für eine große Crew ist die Yacht ersichtlich nicht gedacht. Teakausbau macht sie bei 11,7 m Lüa schwer, 8,1 m³.

(6) Ist die Länge erst mal 13 m, dann werden alle Wohnungsschnitte und Einzelkammern, mehr und mehr mit der Länge wachsend, möglich, und die

Messesofas brauchen nicht mehr zum Schlafen benutzt zu werden. Dies ist ein Serienkreuzer aus dem oberen Bereich der Auswahl des Herstellers. Zwei Kammern mit Doppelbetten und je einer Toilette sind die Basis des Entwurfs, und während der Nachtwachen schläft wohl je einer der Freiwache in je einem Doppelbett, ein dritter in der Lotsenkoje zu Luv in der Messe. Navigation und Pantry sind sehr großzügig ausgelegt. Mit Komfort verdrängt die Yacht 8,5 m³, ist also nicht unmäßig schwer.

Vorlogis-Schlafplatz, mit Füllstück.

Sofakoje; wird sie als solche benutzt, werden die Sitzplätze unter Deck knapp.

Sofakojen sind, wenn sie wenigstens 1,9 m lang sind, nach der Breite gerade recht und mit einem Lee- oder Kojensegel gute Schlafplätze. Nachteilig ist, daß auf kleinen Yachten damit alle Sitzplätze verlorengehen, außer es wird nach dem System „warme Koje" gesegelt; die Freiwächter steigen bei Wachwechsel in die von der Ablösung vorgewärmten Kojen. Große Yachten können sich Lotsenkojen oberhalb der Sofas erlauben.

Hundekojen, Schnarchtunnel unter den Sitzen der Plicht, sind im Seegang die sichersten Schlafplätze, vorausgesetzt, daß man auch schnell aus ihnen herauskommen kann – das Einsteigen ist dann auch kein Problem. Sie müssen nach oben und zum Motorraum dicht sein, unter der Matratze aber einen Einsatzdeckel haben, damit man an die Außenwand des Schiffs herankann. Der moderne Plastikyachtbau mit Innenschalen vergißt zu gerne, daß Lecks gewöhnlich die Außenhaut löchern. Wie schon erwähnt, sind tiefe Backskisten unter den Cockpitsitzen ein Sicherheitsrisiko. Man füllt diese Hohlräume besser mit Hundekojen. Das Kopfende einer Hundekoje ist auf kleinen Booten gewöhnlich auch der Sitz zum

Die sogenannte Hundekoje reicht bis unter die Bank in der Plicht.

Kartentisch, und die Koje „gehört" dem Navigator. Man schläft recht gut und ungestört in der Schnarchröhre. So gut man in einer Lotsenkoje schläft; es ist bei rauhem Wetter nicht ganz einfach, ein- und auszusteigen, besonders wenn auf dem Sofa schon einer schläft. Auf kleineren Booten ist der Platz zwischen Matratze und Decke oft etwas knapp, und dann fehlt meist auch das Kojenbord, so daß man ein Kojensegel riggen muß. was bei unruhiger See auch turnerische Qualitäten verlangt. Wichtig ist eine gute Deckenisolierung, damit sich kein Kondenswasser bildet und in die Koje tropft oder, hol's der Teufel, ins Auge. .

Installationen

Ein großer Teil der immerwährenden Reparatur- und Wartungsarbeiten hat nichts mit dem Rigg und auch nichts mit dem Motor zu tun, sondern mit dem Fach der Klempner und Elektriker. Pumpen versagen, Leitungen lekken oder sind verstopft, Kabelverbindungen lockern sich oder korrodieren, und deshalb muß das alles jederzeit

zugänglich sein, und Leitungs- und Schaltpläne sind vor allem bei größeren Yachten nicht zu entbehren. Auf Farbkodierung (Frischwasser, Schmutzwasser, Seewasser usw., ähnlich bei Elektroleitungen) sollte man bestehen.

Das Spülbecken sollte möglichst nahe der Schiffsmitte sein, sonst läuft das Wasser nicht ab, wenn die Pantry auf der Leeseite liegt, und das Becken soll rechteckig und tief sein, damit wenigstens etwas Wasser zum Spülen darin bleibt. Das Ablaufrohr braucht einen großen Durchmesser, sonst setzt es sich sehr bald zu, weil das Fett im Spülwasser erstarrt, sobald es sich mit dem kalten Seewasser an der Wasserlinie im Rohr mischt. Das Ablaufrohr

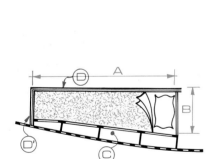

Abmessungen einer Hundekoje: A Länge 1,95...2,0 m. B Höhe des Kastens mindestens 610 mm, damit man leicht hineinkriechen kann. Das Fußschott soll den Kasten abschließen, kein Halbschott (D'). D ist das Innenlängsschott zur Plicht und zum Maschinenraum. C Staukästen oder Schwalbennester längs der Schiffswand. In Hundekojen liegt man am sichersten, aber sie sind oft muffig, und das Hinein- und Herausturnen ist nicht jedermanns Freude.

Lotsenkojen sind nach dem Urteil vieler die besten von allen, besonders zum Schlafen in Luv. A Länge 1,95...2,0 m, B Breite bei den Schultern 550 mm, C Polsterdicke mindestens 80 mm. D Kojenbett. E Zugangshöhe. F Kojenlicht, G Handlauf zum Ein- und Aussteigen, H Haltenetz für persönlichen Krimskrams, J Höhe der Kastenunterkante mindestens 350 mm über Polster.

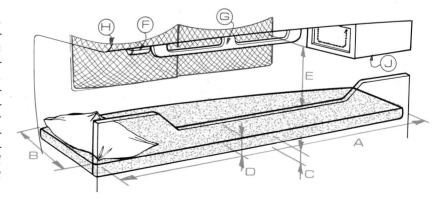

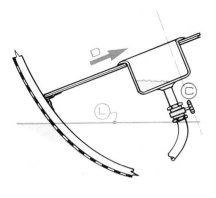

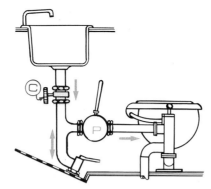

Der Waschbeckenablauf kann zum Wassereinlaß-Seehahn fürs WC führen, um die Zahl der Rumpfdurchbrüche zu verringern. Zum Spülen des WC, egal mit welchem System, muß der Waschbeckenablauf jedoch mit Ventil oder Hahn C gesperrt werden.

Spüle so weit wie möglich zur Schiffsmitte (D), damit sie bei Krängung über der Wasserlinie (L) liegt. Absperrung im Ablauf (C) schnell erreichbar zusätzlich zum Seehahn an der Bordwand.

braucht einen eigenen Seehahn. Im Hafen, wenn der Ablauf über der Wasserlinie liegt, gieße man sehr heißes Wasser ins Becken, damit Fettansätze aus dem Rohr gespült werden. Ein etwas handiger liegendes Absperrventil in dieser Leitung kann verhüten, daß beim Stampfen des Bootes der Ablaufstopfen herausgeschossen

wird. Am besten ist, wenn man die Spüle mittels einer Pumpe lenzen kann, per Zweiweghahn kann man die Lenzpumpe für die Bilge auch dafür einsetzen. Bei den kleineren Waschbecken in den Toiletten ist solch klempnerischer Aufwand nicht nötig, aber der Seehahn muß geschlossen sein.

Frischwasser wird durch Pumpen aus dem Tank gefördert, durch Hand- oder Fußpumpe oder elektrische Pumpe. Weil bei den modernen Flachrümpfen der Wassertank bei Krängung höher liegen kann als der Pumpenauslaß, muß in die Leitung noch ein Absperrventil. Die Tanks sollten so tief wie möglich untergebracht sein,

Wenn das Frischwasser (F) für Spüle oder Becken aus einem Tank (T) auf der anderen Schiffsseite kommt und mit einer Fußpumpe gefördert wird, muß die Einlaßarmatur absperrbar sein (C), damit der Wassertank bei Lage nicht leerlaufen kann.

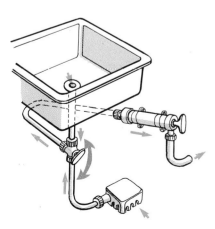

Hier wird die Spüle durch eine Pumpe gelenzt, die mittels Zweiwegehahn auch als zusätzliche Bilgepumpe verwendet werden kann.

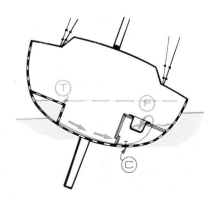

137

was aber bei den heutigen Flachrümpfen nicht so einfach zu verwirklichen ist. Dennoch, in den vorderen und hinteren Enden des Schiffs sind sie fehl am Platz. Für kurze Reisen sollte man die Tanks auch nicht voll machen, wenn man auf Tempo Wert legt. Das gilt auch für Motorbrennstoff. Für extrem lange Törns kann man sich ja Gummiwassertanks an Bord nehmen, nur muß man sie festzurren, damit sie nicht übergehen können, denn das wäre für eine Yacht so verhängnisvoll wie für ein Frachtschiff. Den Tankatmer der Festtanks führt man hoch bis unter Deck am besten so, daß eventueller Überlauf in ein Waschbecken läuft; das Atmerrohr in die Plicht zu führen, ist nicht ratsam, denn von da aus könnte Salzwasser in den Tank gelangen. Festtanks können aus Glasharz, Aluminium oder verzinktem Stahlblech sein. Tanks, bei denen eine Wand die Bordwand ist, empfehle ich nicht; es könnte Reparaturen erschweren. Im Tank müssen Schwallwände stehen, und jede durch sie gebildete Abteilung muß ein Handloch zum Reinigen des Tanks haben.

Dieser Deckfüllstopfen wird mit einer Winschkurbel geöffnet und verschlossen.

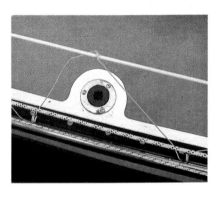

Neuerdings gibt es Verschlußschrauben für das Füllrohr, die sich mit der Hauptwinschkurbel öffnen lassen. Dem Wasser gebe man immer ein geeignetes Konservierungsmittel zu. Das Angebot an zuverlässigen elektrischen Wasserpumpen ist heute groß, und leicht zu reparieren sind sie auch, wenn man sich die paar Ersatzteile mitnimmt.

Pantry

Über Kocher, Spülbecken und Pumpe haben wir schon gesprochen. Der Kocher muß im weiten Winkel ohne anzustoßen pendeln können und in den Pendellagern gesichert sein, damit er nicht herausfliegen kann. Auch der Deckel des Eiskastens muß mit Scharnieren oder einer anderen Sicherung gegen Herumfliegen gesichert sein.

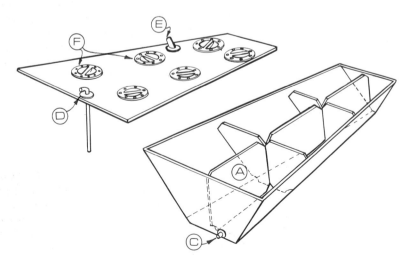

Hauptmerkmale eines Wassertanks (Baustoff Metall oder Glasharz): A Schwalldämpfer, Abstand > 500 mm. C Lenzstopfen. D Tankatmer. E Anschluß der Fülleitung. F Handlöcher mit Deckeln für Inspektion und Reinigung.

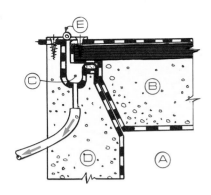

Auch ein Eiskasten muß sorgfältig konstruiert werden. Dieser Ausschnitt zeigt das Deckelscharnier (E) und seine etwas komplizierte Umgebung mit der Tropfrinne (C) und ihrem Ablauf (am besten in die Bilge, damit bei Krängung nichts passiert). D ist die Wandisolation, B die Deckelisolation, A der Innenraum des Eiskastens.

Rings um die Öffnung sollte eine Wasserfangrinne mit Abfluß verhindern, daß Wasser von der Arbeitsfläche in den Kasten läuft, und natürlich muß der Kasten unten einen Ablauf für das Schmelzwasser haben. Die Halterungen im Geschirrschapp müssen natürlich genau zum Geschirr passen. Trotzdem können Suppenteller, aufeinander rutschend, dem obersten und zweitobersten zur Flucht verhelfen;

Abhilfe: Stapele sie mit dem Boden nach oben.

Die Schlingerborde sind bei vielen Serienbooten zu niedlich; sie müssen wenigstens 30 mm hoch sein, beim Salontisch vielleicht abnehmbar, denn eigentlich sind sie ja lästig. Um Flächen, auf denen gearbeitet wird, sollte man sie nicht höher machen, um Abstellflächen dagegen sind 10 cm Höhe besser als 5 cm. Schlingerborde gehören auch in die Schränke, damit nicht gleich alles herausfällt, wenn man die Tür öffnet. Die Schlingerborde sind am besten auf beiden Seiten senkrecht, wenn einseitig abgeschrägt, dann nur auf der Außenseite, sonst ist es für Teller und Tassen ein leichtes, die Barriere zu überwinden. Übrigens kann man mit einem reichlich feuchten Tischtuch aus Leinen das Geschirr auf dem Tisch festhalten — für den Fall, daß vergessen wurde, Antirutschfolie mitzunehmen; beides ist wirksamer als Schlingerleisten. Die Auskehrschlitze an den Ecken der Schlingerleisten werden von der Bootsindustrie immer zu breit gemacht. Wenn sie gerade so breit sind, daß man mit einer alten Zahnbürste durchkehren kann, dann ist es unwahrscheinlich, daß da Messer und Gabel herausgeschossen kommen. Die Schlingerleisten in Schränken kann man aus Plexiglas machen, damit man sieht, was sie festhalten. Schiebetüren müssen feststellbar sein, denn im Seegang gehen sie gerne von selber auf. Magnethalter, Schnäpper und simple Vorreiber taugen vielleicht auf Traumschiffen was, auf Yachten nicht. Am besten sind die Federhaken, die man durch ein Loch in der Tür mit dem Finger erreicht. Dann hat die Tür auch keinen vorstehenden Knopf, an dem man sich schmerzhafte blaue Flecken holt und die Hosentaschen einreißt.

Schiebetüren aus Plexiglas in den Stauschapps sorgen dafür, daß man gleich die richtige Seite zu dem öffnet, was man herausholen möchte. Schlingerborde müssen so hoch sein wie hier, wenn sie zu etwas nützen sollen.

Die offenen Auskehrecken bei den Schlingerborden der Serienboote sind fast immer zu breit, so daß Gabeln und Messer hindurchrutschen können (auch Salzfäßchen). Zahnbürstenbreite ist richtig.

Hand- und Fußhalt

Weil jedes Stück Einrichtung einmal von irgendwem auf der Suche nach Halt und Gleichgewicht beansprucht werden kann, muß es so fest gebaut sein, daß es dieser Beanspruchung standhält – es kann trotzdem Leichtbau sein. Wer in eine Yacht scharfe Ecken und Kanten baut, ist nicht lange genug oder gar nicht zur See gefahren. Dasselbe gilt für Bootsbauer, die Handläufe unter Deck vergessen, Halbschotten ohne Griffloch einsetzen, die Handgriffe zum Ein- und Aussteigen an den Kojen und beim Niedergang vergessen – Handgriffe beim stillen Örtchen vergessen beinahe alle. Und oben an die Decke die ganze Länge der Verkehrswege entlang gehört ein kräftiger Handlauf, nicht nur für einen Festhalter, sondern für drei (Segeltransport beispielsweise). Hochglanzlackierung und -politur unter Deck ist kein seetaugliches Finish. Mattlack, gebeiztes Holz oder Teak natur gehen an.

Elektrik

Für eine schnelle Kreuzeryacht sind die Batteriegrößen, die man als wartungsfrei kaufen kann, ausreichend. Und weil die nicht auslaufen können, ist man von noch einer Sorge befreit. Bosch und Varta liefern spezielle Langzeitbatterien, die auch abgedeckte Pole haben, so daß ein herumfliegender Schraubenschlüssel keine Kurzschlußgefahr mehr bedeutet. Die sind die richtigen für Segelboote, bei denen die Batterie lange Zeit Strom für Beleuchtung, Navigation und Funkstelle liefern muß, bis mal wieder die Maschine angeworfen wird, um nachzuladen. Eine Trennung in Versorgungsbatterie und Starterbatterie für den Motor sei dringend empfohlen, auch wenn der Motor von Hand gestartet werden kann (theoretisch).

An der sonstigen elektrischen Ausrüstung, dem Leitermaterial, dem Schalt- und Sicherungskasten und der Leitungsführung gibt es für die schnelle Kreuzeryacht keine Unterschiede gegenüber normalen Fahrtenyachten. Nur, sollte man einen Batterieumschalter entdecken, der von Hand betätigt werden muß, dann tausche man den gegen einen Leistungsteiler aus, der auf Deutsch Power divider (sprich pauer diveider) heißt. Am besten ist einer mit Relais oder Elektronik, der dafür sorgt, daß die Batterien nacheinander geladen werden (ein Lämpchen zeigt an, welche gerade geladen wird). Ein solcher ist die beste Versicherung dafür, daß den Dioden der Drehstromlichtmaschine kein Unglück widerfährt. Ganz wartungsfrei sind auslaufsichere Batterien nicht. Zweimal im Jahr muß der Säurestand geprüft werden, was man wegen der durchsichtigen Körper auch von außen kann. Der lästige Säureheber zur Prüfung des Ladezustandes ist

Auch die Stellagen hinter Türen brauchen Schlingerborde oder Haltenetze, damit nicht gleich die Hälfte herauskollert, wenn man die Tür öffnet. Schiebetüren müssen eine Federraste oder ähnliches haben, damit sie durch die Schiffsbewegungen nicht automatisch öffnen. Kleine Schapps bekommen am besten eine nach unten öffnende Klapptür, die man schnell zuklappen kann, wenn eine Bö das Boot im falschen Augenblick auf die Seite legt.

mit einem elektronischen Gerät von Bosch (Nr. 0335550201) zu umgehen, das den Ladezustand mit grünem Lämpchen, die Notwendigkeit sofortigen Aufladens mit rotem Lämpchen anzeigt; es ist besonders bei Ein-Batterie-Betrieb zu empfehlen. Nachladen während des Winters ist bei Hochleistungsbatterien nicht mehr nötig. Man stellt sie vollgeladen ins Lager und lädt vor dem Wiedereinbau nach.

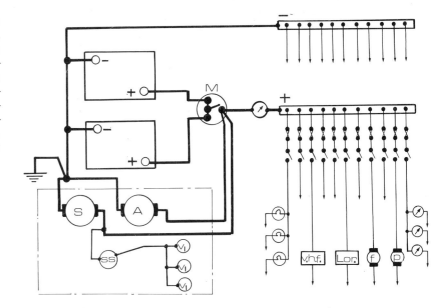

Dieser Schaltplan für zwei Batterien an einer Drehstromlichtmaschine (A, wie Alternator) ist unbefriedigend und wenig sinnvoll, was am Hauptschalter (M, wie Master) liegt, der die beiden Batterien nur parallelschaltet, so daß sie wie eine Batterie mit verdoppelter Kapazität wirken. Eine der beiden soll aber nur für den Starter des Motors bereitgehalten werden, die andere das Bordnetz versorgen. Dazu muß zwischen Hauptschalter und Batterien ein Leistungsteiler geschaltet werden. (Übersetzer)

Es bedeuten in dieser Zeichnung weiter: S = Anlasser (Starter), SS = Anlasserschalter, V = Verbraucherleitungen oder -anschlüsse, VI = Versorgung der Motorinstrumente. Die (negativen) Rückleitungen von den Verbrauchern sind nicht dargestellt, nur deren Sammelschiene, die mit Opferanoden, Motormasse, Funkerde und eventuell Blitzschutzerdung verbunden ist.